Do Empreendedorismo ao "Empresadorismo"

SERGIO RODRIGUES BIO

Do Empreendedorismo ao "Empresadorismo"

A VIAGEM DO EMPREENDIMENTO
NASCENTE À EMPRESA DE SUCESSO
CONTINUADO NO SÉCULO XXI

ALTA BOOKS
EDITORA
Rio de Janeiro, 2018

Do Empreendedorismo ao "Empresadorismo"
Copyright © 2018 da Starlin Alta Editora e Consultoria Eireli. ISBN: 978-85-508-0325-8

Todos os direitos estão reservados e protegidos por Lei. Nenhuma parte deste livro, sem autorização prévia por escrito da editora, poderá ser reproduzida ou transmitida. A violação dos Direitos Autorais é crime estabelecido na Lei nº 9.610/98 e com punição de acordo com o artigo 184 do Código Penal.

A editora não se responsabiliza pelo conteúdo da obra, formulada exclusivamente pelo(s) autor(es).

Marcas Registradas: Todos os termos mencionados e reconhecidos como Marca Registrada e/ou Comercial são de responsabilidade de seus proprietários. A editora informa não estar associada a nenhum produto e/ou fornecedor apresentado no livro.

Impresso no Brasil — 1ª Edição, 2018 — Edição revisada conforme o Acordo Ortográfico da Língua Portuguesa de 2009.

Publique seu livro com a Alta Books. Para mais informações envie um e-mail para autoria@altabooks.com.br

Obra disponível para venda corporativa e/ou personalizada. Para mais informações, fale com projetos@altabooks.com.br

Produção Editorial Editora Alta Books	**Produtor Editorial** Thiê Alves	**Produtor Editorial (Design)** Aurélio Corrêa	**Editor de Aquisição** José Rugeri j.rugeri@altabooks.com.br	**Vendas Atacado e Varejo** Daniele Fonseca Viviane Paiva comercial@altabooks.com.br
Gerência Editorial Anderson Vieira	**Assistente Editorial** Ian Verçosa	**Marketing Editorial** Silas Amaro marketing@altabooks.com.br	**Ouvidoria** ouvidoria@altabooks.com.br	
Equipe Editorial	Adriano Barros Aline Vieira Bianca Teodoro	Gabriel Teixeira Illysabelle Trajano Juliana de Oliveira	Kelry Oliveira Paulo Gomes Rachel Guarino	Thales Silva Viviane Rodrigues
Revisão Gramatical Fernanda Lutfi Gabriella Araujo	**Diagramação** Jair Domingos	**Layout** Bianca Teodoro	**Capa** Bianca Teodoro	

Erratas e arquivos de apoio: No site da editora relatamos, com a devida correção, qualquer erro encontrado em nossos livros, bem como disponibilizamos arquivos de apoio se aplicáveis à obra em questão.

Acesse o site www.altabooks.com.br e procure pelo título do livro desejado para ter acesso às erratas, aos arquivos de apoio e/ou a outros conteúdos aplicáveis à obra.

Suporte Técnico: A obra é comercializada na forma em que está, sem direito a suporte técnico ou orientação pessoal/exclusiva ao leitor.

A editora não se responsabiliza pela manutenção, atualização e idioma dos sites referidos pelos autores nesta obra.

Dados Internacionais de Catalogação na Publicação (CIP) de acordo com ISBD

B615d   Bio, Sergio Rodrigues

Do empreendedorismo ao empresadorismo: a viagem do empreendimento nascente à empresa de sucesso continuado no século XXI / Sergio Rodrigues Bio. - Rio de Janeiro : Alta Books, 2018.
224 p. ; il. ; 17cm x 24cm.

Inclui bibliografia e índice.
ISBN: 978-85-508-0325-8

1. Administração. 2. Empreendedorismo. 3. Empresa. I. Título.

2018-1263   CDD 658.421
                                                           CDU 65.016

Elaborado por Vagner Rodolfo da Silva - CRB-8/9410

Rua Viúva Cláudio, 291 — Bairro Industrial do Jacaré
CEP: 20.970-031 — Rio de Janeiro (RJ)
Tels.: (21) 3278-8069 / 3278-8419
www.altabooks.com.br — altabooks@altabooks.com.br
www.facebook.com/altabooks — www.instagram.com/altabooks

SOBRE O AUTOR

Sergio Rodrigues Bio

Administrador (ESAN), Mestre e Doutor em Controladoria pela Faculdade de Economia, Administração e Contabilidade da Universidade de São Paulo (FEA-USP).

Foi um dos precursores no desenvolvimento no Brasil da visão de sistemas de informação como um poderoso instrumento potencializador da gestão com foco na eficiência e eficácia dos negócios, e não somente como um meio de racionalizar, automatizar e sistematizar processos e procedimentos. É autor do livro "Sistemas de Informação – Um Enfoque Gerencial" cuja 2ª. edição /2008 contou com a colaboração do Prof. Edgar B. Cornachione da FEA-USP. Como fundador e/ou dirigente atuou em negócios nos campos da consultoria em gestão, transportes e logística. Como consultor, coordenou dezenas de intervenções em diversas áreas de negócios, em empresas das mais variadas dimensões e estágios de evolução.

Foi cocriador, Presidente Executivo e Presidente do Conselho da JIT – Sistemas e Equipamentos de Logística S/A, *joint venture* com a *TDS Logistics Inc*, empresa global de logística.

Professor da FEA-USP (1973-2010). Membro instituidor da FIPECAFI – Fundação Instituto de Pesquisas Contábeis, Atuariais e Financeiras e professor em programas de pós-graduação da Faculdade FIPECAFI.

É consultor e palestrante. Segue atuando na evolução de negócios e empresas.

AGRADECIMENTOS

Tive e tenho o privilégio de conviver com grandes companheiros competentes, brilhantes, de jornadas, de muitos projetos, de empreendimentos e empresas, sucessos e insucessos. Em muitos casos com eles atuando no *front*, nas batalhas empreendedoras e empresariais. Em outros casos, atuando na busca de novas visões e soluções através do estudo e pesquisa no campo acadêmico. Seria impraticável nomeá-los, todos, sem cometer imperdoáveis omissões e injustiças. Cito, como uma forma de registrar meu reconhecimento e agradecimento, algumas das entidades e empresas em que atuei com esses companheiros: Arthur Andersen, CESP, Eluma, SBS – Consultores em Administração, Cia. Comercial e Transportadora Translor, TDS-JIT Logística, Clip-Lok, os cursos de pós-graduação em Administração do IMT – Instituto Mauá de Tecnologia, professores e alunos da Faculdade de Economia, Administração e Contabilidade da USP, nos programas de graduação e pós-graduação, e da FIPECAFI – Fundação Instituto de Pesquisas Contábeis, Atuariais e Financeiras.

Muitos desses companheiros do conhecimento, da arte e da vivência prática na geração de empreendimentos e na construção de empresas de sucesso estão por trás destas reflexões sobre a caminhada do empreendedorismo ao "empresadorismo" bem-sucedida. Em vários momentos escrevi, na verdade, recordando o aprendizado que tive com eles. Meu muito obrigado a todos eles.

Alguns amigos – executivos, empresários, professores – foram extremamente gentis e atenciosos ao aceitarem meu pedido no sentido de poder lhes apresentar o trabalho e trocar ideias comigo a respeito. A eles quero externar minha gratidão: o engenheiro, sócio-diretor da JCTM

– Marketing Industrial Ltda e presidente da Escola de Marketing Industrial, José Carlos Teixeira Moreira; o administrador, executivo e empresário José Francisco Azank; o estatístico, ex-presidente da FINEP – Financiadora de Estudos e Projetos, Gerson Ferreira Filho; o professor emérito da Faculdade de Economia, Administração e Contabilidade da Universidade de São Paulo (FEA-USP) Eliseu Martins; o administrador, executivo e empresário Ricardo Uchoa Alves de Lima; o engenheiro e físico, professor do Instituto de Física da Universidade de São Paulo (USP), gestor de projetos tecnológicos e de entidades científicas, atualmente dirigindo o INPE – Instituto Nacional de Pesquisas Espaciais, Ricardo Magnus Osorio Galvão; o engenheiro, ex-presidente da Promon Engenharia, Carlos Siffert. Foram fundamentais as críticas, as visões e sugestões que recebi. Realmente me senti honrado e grato pela atenção e generosidade com que fui distinguido por esses amigos. Convém deixar claro que a responsabilidade pelo que proponho, a maneira que discuto o assunto e eventuais falhas e omissões são inteiramente minhas e provavelmente deixam a desejar em relação à qualidade das contribuições que recebi.

Meu especial agradecimento ao engenheiro e consultor em logística João Roberto R. Bio pela contribuição nas artes da elaboração de figuras e especialmente pelos *insights* decorrentes da sua leitura dos originais.

O meu reconhecimento e agradecimento à minha querida esposa Juliana Bueno que, com paciência e generosidade, me deu enorme apoio nas artes da edição e, acima de tudo, trazendo insights valiosos, a partir da sua perspectiva de jornalista e escritora em outras áreas da aventura humana.

Dedico aos meus netos Laura, Gabriela, Miguel e Lucas, que possam contribuir com seus talentos, escolhas e metas nestes tempos desafiadores do século XXI.

SUMÁRIO

Introdução xiii
   Uma premissa básica xiii
   Uma "viagem" de três etapas xvii
      Da ideia a um empreendimento de impacto xvii
      Do empreendimento de impacto a uma empresa forte,
      consistente e de sucesso continuado xix
      Da empresa (até então) bem-sucedida à empresa de sucesso
      continuado no século XXI xx

Parte 1 — A 1ª Etapa da Viagem da ideia a um empreendimento de impacto 1
   As linhas gerais da caminhada nesta etapa 3

Capítulo 1 – A origem e a bagagem do empreendedor: os 4Es, seus talentos e movimentos 5
   Diferentes "cabeças" e seus diversos contextos de atuação 5
      O especialista 7
      O executivo 8
      O empreendedor 9
      O empresário 11
   Caminhando pela vida e pelos quadrantes 14
      De especialista a executivo 15
      De especialista a empreendedor 16
      De executivo a empreendedor 17
      De executivo a empresário 18
      De empreendedor a empresário 19
   Os 4Es que a "habitam" são fundamentais para o sucesso da empresa.
   E os 4Es que o "habitam" são fundamentais para o SEU sucesso! 19

Capítulo 2 – Empreendimentos de impacto: inovações e excelência no triângulo do negócio 25

O triângulo do negócio 25
    O cliente 26
    O produto/serviço 27
    O preço 28

Inovações e excelência: o empreendimento de impacto 31
    Inovações disruptivas: empreendimentos de alto impacto 31
    Inovações incrementais 33
    Excelência 34

Nem só de *startups* de tecnologia vivem os empreendedores de sucesso 36

Parte 2 — A 2ª Etapa da Viagem do empreendimento de impacto a uma empresa de sucesso continuado 39

    As linhas gerais da caminhada nesta etapa 41

Capítulo 3 – O paradoxo do sucesso: crises! 45

Capítulo 4 – Síndromes perigosas 47

A síndrome do sucesso 47
A síndrome da adrenalina empreendedora onipotente 48
A síndrome da solução-mágica-e-rápida 50

Capítulo 5 – A fórmula 2G, parte 1: Gente 53

Um time 3C 53
A necessidade de um contexto comportamental saudável para o exercício do talento 55
    Grupos 55
    Cultura organizacional 56
    Poder e Política 60
    Um breve retorno: o desempenho do time 3C 61

Capítulo 6 – A fórmula 2G, parte 2: Gestão 63

Crescimento, complexidade e o modelo de gestão 63
Componentes do modelo e sua integração 64

Resultados empresariais desejados (REDs) 64
Planejamento 66
Execução dos planos, sistema de informação gerencial,
avaliação de resultados e controle..67
O núcleo do Modelo: pessoas, processos e sistemas, estrutura 71
A empresa de sucesso continuado, o êxito na 2ª Etapa 77
De empreendedor a empresário, do empreendedorismo
ao "empresadorismo" 79

Parte 3 — A 3ª Etapa da Viagem da empresa (até então) bem-sucedida à empresa de sucesso continuado no século XXI 83

As linhas gerais da caminhada nesta etapa: o sucesso
continuado num século de grandes transformações 85

Capítulo 7 – Parem o mundo... Quero descer!.................................... 89

Instabilidade e crises econômico-financeiras..89
"Estragos" provocados pela globalização/abertura comercial? 90
China, 2ª maior economia do mundo... 90
A mudança da era industrial para a digital 91
A inovação, o crescimento econômico e a
eliminação de empregos 92
Um novo ciclo de crises, inovações e
ajustes ou o fim do capitalismo? 94
Democracia e sistemas políticos em crise 95
A geração Y no comando, aí estão os
novos líderes para o século XXI...97
A questão ambiental 100

Capítulo 8 – É a filosofia... Estúpido! 103

Refletindo sobre inovações na gestão no século XXI............................103
Mas qual é mesmo a inovação? 107
Então o que há de novo com uma filosofia empresarial?......................112

Capítulo 9 – Uma agenda de discussão sobre a filosofia empresarial 119
    Alguns dos temas fundamentais 119
        1) Missão, propósito, significado 120
        2) Stakeholders e responsabilidades empresariais 123
        3) Sucesso empresarial 127
        4) Clientes e utilidades 129
        5) Pessoas 135
        6) Inovação 138
        7) Resultados socioambientais 145
        8) Posturas na cadeia de suprimento 154
        9) Conduta ética e moral 161
        10) Valores coerentes praticados 166
    Uma declaração de princípios e valores 169
    O planeta aguenta? 169

Capítulo 10 – A evolução da consciência de líderes e organizações: a dinâmica da espiral de Beck-Cowan 173
    MEMEs 174
    Níveis de consciência 175
        BEGE: o vMEME instintivo 176
        PÚRPURA: o vMEME tribal 177
        VERMELHO: o vMEME egocêntrico 177
        AZUL: o vMEME determinado 178
        LARANJA: o vMEME estratégico 178
        VERDE: o vMEME relativista 179
    A dinâmica da espiral 181
        AMARELO: o vMEME sistêmico 182
        TURQUESA: o vMEME holístico 183

Capítulo 11 – Líderes para o século XXI 187
    Conclusão: em direção à empresa amarelo-turquesa 190

BIBLIOGRAFIA 195
Índice 199

INTRODUÇÃO

Uma premissa básica

Eis a premissa que assumi ao escrever este livro:

É o setor privado, e não o governo, o agente alavancador da prosperidade. Assim, quanto mais empresas de sucesso continuado, fortes, consistentes, melhor – não só para seus acionistas – mas também para o país e para toda a sociedade.

Mas o que é esse sucesso a que me refiro? Líderes de que perfil levarão a esse sucesso no século XXI?

O sucesso empresarial continuado a que me refiro aqui se expressa por um conjunto amplo de resultados empresariais alcançado de forma razoavelmente consistente ao longo do tempo. Por meses, anos, décadas. Resultados em diversos campos: clientes, mercado, operações, pessoas, gestão, financeiro e, inclusive, resultados positivos para a sociedade. No século XXI, em especial, produzir esses resultados amplos e consistentes exigirá novos perfis e atributos dos líderes empresariais, incluindo, claramente, compromissos com resultados positivos, sociais, econômicos. O leque de contradições insuficientemente enfrentado no desenvolvimento das empresas no século XX está vindo à tona intensamente. Não subsistirá a ideia de que o sucesso corresponde tão somente ao retorno financeiro maximizado de forma imediatista, quaisquer que sejam as condutas adotadas e as externalidades negativas geradas pela empresa. Esse "sucesso" empresarial persistirá até quando contribuindo, conscientemente ou não, para o "insucesso" do planeta?

Os líderes empresariais do século XXI têm que transcender uma visão restrita sobre "bons resultados". Terão que lidar, cada vez mais, com perspectivas absolutamente contraditórias. Líderes que sejam capazes, portanto, de fazer funcionar internamente sistemas de valores contrastantes e que produzam resultados admirados tanto no mundo externo à empresa quanto no mundo interno (lembremo-nos que estamos vivendo em um contexto de percepções "digitalmente mutantes"). Líderes de empresas que produzem benefícios visíveis e reconhecidos por seus clientes, colaboradores, para a sociedade, enfim. E que merecidamente geram retornos financeiros adequados aos seus acionistas. Líderes orientados não pelo último e mais recente modismo gerencial, mas sim sintonizados aos (enormes) desafios destes novos tempos, que estão a exigir o salto para um novo estágio, a evolução para um **novo nível de consciência**, no qual comportamentos antigos passam a se subordinar a sistemas de valores novos e de ordem mais elevada. No exato momento em que parece haver um déficit generalizado de lideranças mundo afora é que, talvez, tenha que, paradoxalmente, aflorar um novo estágio de consciência e novos líderes.

Por que afirmo ser tão importante para todos nós que o país tenha mais e mais empresas fortes e de sucesso continuado? Não costumamos nos deter sobre os impactos positivos (ou negativos) das empresas na nossa vida diária. Não são poucos, muito menos irrelevantes:

   1. Estamos todos com a vida entrelaçada à conduta e ao desempenho das empresas. Nosso dia a dia delas depende. Dormimos em camas e colchões por elas fabricados e comercializados. Desde o momento em que iniciamos o dia, um enorme leque de produtos e serviços nos provê energia elétrica, água, alimentação, roupas, educação, lazer, cuidados com a saúde, locomoção, transporte, etc. Algumas dessas interações são reconfortantes e mesmo decisivas. Achamos justo o que pagamos face ao valor que reconhecemos na necessidade atendida. Outras situações podem ser irrelevantes e frustrantes. Fomos mal atendidos. Achamos caro. No entanto, insatisfeitos na nossa relação com empresas, em geral temos como reagir. Reclamar. Exigir observância de garantias. Ou simplesmente mudar de fornecedor.

2. Tecnologias e inovações que produzam soluções facilitadoras do nosso trabalho, educação, lazer, saúde, etc. estão sendo sistematicamente geradas e/ou viabilizadas pelas empresas na sua busca incessante de se manterem competitivas.

3. Além de clientes das empresas, podemos também ser empregados, prestadores de serviços, gestores ou mesmo os empreendedores que as criaram. Milhões de brasileiros buscam sobreviver, tiram seu sustento e procuram crescer profissionalmente atuando na atividade privada. Segundo a PNAD Contínua do primeiro trimestre de 2017[1], eram mais de 43,5 milhões de trabalhadores, que, somados aos empregadores (4,1 milhões) e àqueles trabalhando por conta própria (22,1 milhões), totalizam quase 70 milhões de brasileiros. Se considerados os dependentes, temos aí a imensa maioria da população brasileira.

4. O desenvolvimento de habilidades e competências profissionais constitui-se num ativo inalienável das pessoas. As empresas, em larga medida, são o campo em que se pode transformar o conhecimento adquirido nos bancos escolares em competências profissionais remuneradas. Empresas são o "palco" dos processos, questões e desafios que exigem a aplicação do conhecimento e do comportamento requeridos para equacioná-los. Muitas empresas tratam de criar seus próprios programas de desenvolvimento e treinamento de operários, funcionários administrativos, especialistas e executivos.

5. Para além da satisfação e melhoria profissional que pode advir do aprimoramento de competências, as pessoas buscam um sentido de contribuição, um significado no trabalho. As empresas podem (o que nem sempre ocorre) prover condições de um trabalho significativo, que preserve o sentido de contribuição e a autoestima das pessoas.

---

1   PNAD Contínua – Pesquisa Nacional por Amostra de Domicílios do IBGE – Instituto Brasileiro de Geografia e Estatística.

6. Dos milhões de brasileiros atuando na atividade privada e das empresas sai o pagamento da maior parte da pesada carga tributária. Segundo estudos do IBPT[2], em 2017 o brasileiro trabalhou 153 dias (5 meses!) para pagar tributos. São cerca de sete brasileiros atuando no setor privado para cada funcionário público. Segundo a PNAD Contínua citada, são 10,8 milhões de funcionários públicos no Brasil (lamentavelmente – com exceções que confirmam esta trágica regra – o retorno à população em infraestrutura e serviços está entre o sofrível e o péssimo). Como se não bastasse, há ainda o ambiente cartorial e burocrático e a ineficiência que permeia as relações dos cidadãos e das empresas com os órgãos públicos das mais variadas instâncias de governo que, paradoxal e ironicamente, em certos casos parecem atuar para dificultar e asfixiar o desenvolvimento dos negócios e do setor privado que, em boa medida, as sustentam.

7. Investimentos em novos empreendimentos e negócios, ou em inovações, melhoria de produtividade, abertura de novos mercados, exportações, etc. dependem, em larga medida, do que fazem (ou deixam de fazer) as empresas.

Não há grandes novidades nestes pontos. Ainda assim, convém relembrá-los para que resgatemos o papel socioeconômico das empresas, vital para o desenvolvimento, prosperidade e para o bem-estar da população. Destaquei até aqui contribuições positivas das empresas. Mas, como sabemos, há também efeitos negativos consideráveis na atuação de empresas. São as chamadas externalidades negativas, entre outras: consumo irresponsável de recursos, danos ambientais (desmatamento, poluição, áreas comprometidas), prejuízos econômicos transferidos à sociedade em decorrência desses problemas ambientais ou mesmo de condutas éticas inaceitáveis e esquemas de corrupção. Condutas que, lamentavelmente, têm sido exageradamente frequentes no Brasil.

Como já argumentei, creio que líderes do século XXI terão que considerar resultados positivos – sociais, éticos, ambientais, econômicos, como parte fundamental do sucesso continuado. A visão restrita aos nú-

---

[2] IBPT – Instituto Brasileiro de Planejamento e Tributação: https://ibpt.com.br

meros, a visão parcial e enviesada sobre resultados a perseguir, tenderá a produzir "sucesso" sem continuidade e sustentabilidade.

Uma "viagem" de três etapas

Empresas de sucesso continuado não surgem do nada, de um vácuo qualquer. Em algum ponto de sua história elas não passavam de ideias na mente do(s) empreendedor(es). Ideias que foram convertidas em ações e, em alguns casos (poucos na verdade), chegaram a se constituir em um empreendimento de impacto. Esta é a 1ª Etapa da "viagem":

Da ideia a um empreendimento de impacto

Esta etapa começa com ideias na cabeça do(s) empreendedor(es) voltado(s) para a criação de um novo negócio. Empreender tem um significado amplo: lançar-se a um sonho, a um propósito, deliberar- se a fazê-lo acontecer, enfrentando e superando as barreiras e dificuldades que surgirem. Empreendedores podem atuar em muitos campos da atividade humana: no lazer, na cultura, nos esportes, em ações comunitárias, em fundações, no setor público. Há também empreendedores talentosos e com contribuições formidáveis à sociedade que não estão voltados a criar novos negócios.

Nesta 1ª Etapa da viagem, um empreendedor, seja ele alguém que começa empreendendo, seja ele um especialista ou um executivo até então, busca consolidar o que chamei de um empreendimento de impacto. Por *impacto*, num sentido amplo, me refiro a um empreendimento que faz diferença, que aporta soluções, que agrega valor para clientes e usuários. Tem influência e conquista boa reputação no setor, "incomoda" a concorrência, impacta resultados no seu mercado. Consequentemente, vai bem obrigado, como negócio.

Há duas ideias-chave, a meu ver, direcionando as ações do empreendedor de impacto: inovação e excelência. E, quanto mais andarem juntas, melhor! Até mesmo uma inovação disruptiva, surpreendente, que rompe com o preexistente, há de ser operacionalizada buscando a excelência em todos os elementos do negócio: atendimento dos clientes, produtos, serviços, processos, gestão. *Startups* brilhantes pela inovação surpreendente e criadoras de novos modelos de negócio, com vantagens enormes sobre modelos preexistentes, são casos evidentes de impacto.

Embora tornem-se, e é justo que assim seja, casos muito "badalados" nas pautas sobre empreendedorismo, é bom lembrar que representam uma ínfima minoria de novos negócios lançados no Brasil a cada ano. Segundo a pesquisa GEM – Global Entrepreneurship Monitor, 2016[3], com relação ao potencial de inovação em empreendimentos iniciais, o Brasil apresenta o segundo menor índice: 20,4% (China: 76,9%, Índia: 62,6%, África do Sul: 47,9%). Embora a pesquisa revele algum grau de diferenciação nos produtos e serviços oferecidos, quanto à tecnologia utilizada ela já é tida como obsoleta em outros países.

O empreendedor que visa o impacto também pode focalizar o enorme espaço para inovações incrementais em negócios existentes e daí talvez surjam as diferenciações mencionadas. A busca da excelência no que denomino o triângulo do negócio (cliente-produtos/serviços-preço), materializada em "operações nota 10" e em diversas e oportunas inovações incrementais, podem levar ao sucesso nesta fase: um empreendimento de impacto. A inovação e excelência estão na base de um empreendimento que se legitima no setor de negócios. É o melhor recurso para que o empreendedor esteja entre os cerca de 76% de empresas sobreviventes em dois anos[4] e, principalmente, para que não venha a fazer parte da triste estatística indicando que da ordem de 62% das empresas criadas não sobrevivem após cinco anos de atividade[5].

Ao fim desta 1ª Etapa há o que comemorar: um empreendimento de impacto nasceu! Significa que ele vai se consolidar como uma empresa de sucesso? Esta questão nos remete para a 2ª Etapa da "viagem":

---

[3] Pesquisa do GEM conduzida pelo IBQP – Instituto Brasileiro da Qualidade e Produtividade, com apoio do SEBRAE – Serviço Brasileiro de Apoio às Micro e Pequenas Empresas e com parcerias acadêmicas com o Centro de Empreendedorismo e Novos Negócios da Fundação Getúlio Vargas e da Universidade Federal do Paraná.
[4] Relatório: "Sobrevivência das Empresas no Brasil", SEBRAE, 2016.
[5] "Demografia das Empresas 2015", IBGE – Instituto Brasileiro de Geografia e Estatística, relatório publicado em 2017 analisando a taxa de sobrevivência de 2010 a 2015.

Do empreendimento de impacto a uma empresa forte, consistente e de sucesso continuado

Nesta 2ª Etapa da "viagem", por mais estranho que pareça, há uma incidência acentuada de casos em que as empresas mergulham em crises de difícil superação. O crescimento acelerado é típico de boa parte dos empreendimentos de impacto. Disseminou-se a metáfora da **gazela** – o mamífero da família dos antílopes que caracteriza-se por ser muito veloz (corre até 70km/h) – para definir empreendimentos de crescimento acelerado. A **inovação** surpreendente, bem aceita, é, na maioria dos casos, a razão para explicar o fenômeno. Meira[6] diferencia "negócios inovadores de alto impacto e crescimento daqueles que desenvolvem um negócio convencional... tendem a alavancar o crescimento a taxas geométricas, bem acima da média do setor".

Este período de crise é perigoso. O empreendimento e o empreendedor estão, digamos, "legitimados" pelo sucesso de até então. Os critérios, visões e ações da etapa anterior, em boa medida, podem não se aplicar agora. A crise pode ser subestimada ou alguma solução "mágica" pode ser tentada. Na verdade, há um novo esforço requerido, enorme, de transição de um empreendimento de impacto para uma empresa de sucesso continuado. Com efeito, no âmbito dos **4Es** a que me referi anteriormente, este é o movimento do **empreendedor** para **empresário**. Dois termos frequentemente usados de forma intercambiada, como se fossem a mesma coisa. Não creio que sejam. São visões que se modificam, e muito. A fórmula 2G, Gente e Gestão, ao ser explorada em profundidade, como o verdadeiro esforço a ser feito nessa etapa, toma tempo, traz tensões. O empreendedor da origem pode não gostar do trabalho de lidar com crises cuja solução depende de reformulações da gestão e da equipe e, portanto, com constantes turbulências típicas da mudança organizacional. A empresa pode ser vendida, absorvida ou pior, não conseguir superar a crise. Acho profundamente lamentável perder este ativo de repercussão econômica e social positiva. O que interessa mesmo é que a empresa

---

6   MEIRA, S. *Novos negócios de crescimento empreendedor no Brasil*. Rio de Janeiro: Casa da Palavra, 2013.

saia fortalecida de crises, com sucesso por muitos e muitos anos, e assim prossiga neste século XXI. Mas este já é o tema da 3ª Etapa da "viagem":

Da empresa (até então) bem-sucedida à empresa de sucesso continuado no século XXI

O século XXI vem se caracterizando por mudanças tecnológicas, econômicas, dos modelos de negócios, de comunicação em rede, instantânea e global, mudanças técnicas, sociais e políticas, as quais dificultam sobremaneira pensar em cenários relativamente estáveis em que determinado empreendimento ou empresa bem-sucedida até então poderia continuar atuando. A instabilidade e a incerteza predominam no ambiente econômico, social e político. No Brasil, ainda agravadas pela crise econômica, social, moral e política que tem assolado o país entre 2015 e 2018.

No contexto global, mudanças de paradigmas estabelecidos em especial nas últimas décadas do século XX estão na berlinda: acordos comerciais amplos, concepções políticas e econômicas (livre-trânsito de bens e pessoas, livre-comércio) integradas como a União Europeia e acordos globais como o Acordo Climático são apenas alguns dos temas confrontados por movimentos e tendências políticas, não raros populistas, xenófobos, nacionalistas, mas que, de alguma forma, captam insatisfações e desesperança efetiva de setores das populações. Procuro alinhavar algumas destas questões no capítulo 7: "Parem o mundo... Quero descer!", que faz parte dessa 3ª Etapa da viagem. Ocorre que o mundo não vai parar (ao contrário, o contexto é de enorme turbulência) e não há como "descer". Mesmo se você chegar ao início do século XXI com um empreendimento de grande impacto, ou como uma empresa que já vinha há bom tempo, lá do século XX, percorrendo um caminho de sucesso, os enormes desafios do século XXI requererão, penso, rever e repensar posturas e práticas. O sucesso continuado no século XXI lida e lidará com novos paradigmas. Novas ideias têm que ser buscadas. Quais? Doses adicionais de "know-how", de tecnologias de processos, de produção? Inovações radicais nos modelos de gestão, incorporando metodologias, novas formas de organização, sistemas baseados em tecnologias de ponta? Nada contra. Mas não acredito que as respostas venham por aí. O que me parece é que estamos diante de tempos que nos forçam e nos forçarão a pensar em novos termos.

Clare Graves, psicólogo e professor emérito da Union College, Nova York, formulou os princípios da dinâmica da espiral, brilhante explicação para a evolução da consciência e para o surgimento de novos sistemas de pensamento e de valores para lidar com novos tempos e desafios, mostrando que tempos diferentes produzem mentes diferentes. Dois seguidores de Graves, os professores Don Edward Beck e Christopher C. Cowan, trouxeram a público a obra *Dinâmica da espiral*[7], que inspira e embasa parte importante da visão que procuro explorar nessa 3ª Etapa da viagem, o sucesso continuado no século XXI. Nessa obra, lastreada por mais de 40 anos de pesquisa, iniciada por Graves nos anos 60 e continuada por Beck e Cowan, em meados dos anos 90, já anteviam claramente a emergência de "novos tempos":

> *"As gentes do final do século XX são apanhadas numa tempestade de valores conflituosos. Erupções étnicas, crises du jour e incertezas ecológicas ensombram o futuro... as forças políticas, tecnológicas, econômicas e sociais são numerosos ventos cortantes e tornados... a maior parte dos executivos, como pilotos que usam tecnologia ultrapassada foram apanhados de surpresa... nem gurus... nem prognosticadores nos tinham preparado para a turbulência".*

Creio que o prezado leitor concorda com a premissa básica que assumi de que empresas de sucesso continuado – construídas em longas histórias que se iniciam lá atrás com um empreendimento que foi bem-sucedido – são um importante ativo não só de seus acionistas, mas sim do país e da sociedade (claro, observando e tendo presente na sua atuação

---

[7] BECK, D. E.; COWAN, C. C. *Dinâmica da espiral*: dominar valores, liderança e mudança. Lisboa: Instituto Piaget, 1996.

a responsabilidade ambiental, social e econômica). Talvez você concorde, ou talvez discorde da forma como enxergo essa "viagem" com essas três etapas. Seja como for, que esta leitura possa estimular reflexões úteis.

Parte 1

A 1ª Etapa da Viagem

DA IDEIA A UM EMPREENDIMENTO DE IMPACTO

As linhas gerais da caminhada nesta etapa

O ponto de partida nesta etapa, como é óbvio, é que alguém decida levar adiante determinada(s) ideia(s) para lançar um novo negócio. As motivações dos empreendedores são variadas. Há aquele que quer realizar determinado sonho/projeto que há tempos ou desde sempre quis realizar. Tem o impulso de empreendedor correndo nas veias. Há os que pura e simplesmente querem ganhar dinheiro, conquistar fortuna e aí está a sua mola propulsora. Ou mesmo aqueles que resolvem empreender porque, como se costuma dizer, uma oportunidade "caiu no colo". Uma terceirização de uma atividade que a pessoa já gerenciava, por exemplo. Outros buscam autonomia e sentem-se tolhidos numa estrutura que os impede de "fazer as coisas à sua maneira". Em qualquer destes casos pode se tratar de um empreendedor que começa sua busca já empreendendo. Um marinheiro de primeira viagem. Ou pode se tratar de um especialista que vislumbrou uma extraordinária oportunidade no seu mundo especializado e resolveu explorá-la como negócio. Ou, ainda, um executivo que agora decide lançar-se a negócios próprios. A "bagagem" que cada um traz tem fortes implicações: a experiência profissional pregressa, os conhecimentos, as crenças, os valores (daí porque, em seguida, me detenho nestes perfis e seus movimentos), já como consequência da bagagem que traz o empreendedor e seu contexto e as relações. Alguns seguem um caminho metodológico, ordenado, racional, baseado em pesquisas, previsões, seguindo cronogramas, enquanto outros seguem, principalmente, suas percepções e intuições. De alguma forma, com maior ou menor profundidade, seguindo ou não os roteiros recomendados na literatura sobre novos negócios, acertando de primeira ou errando e corrigindo (se possível) a cada passo, algumas fases e atividades são percorridas:

- A concepção do negócio: clientes, concorrentes, produtos e serviços, preços, estrutura e recursos requeridos, estimativas de investimentos, capital de giro e preços de vendas/resultados.
- O duro equacionamento, especialmente no Brasil, do financiamento necessário para pôr em pé o negócio e que vai desde lançar mão de economias ou venda de ativos pessoais, passando por captação com

bancos e investidores (amigos, familiares, investidores anjo, fundos de investimento e chegando a empréstimos, linhas de órgãos financiadores – FINEP, BNDES – Banco Nacional de Desenvolvimento Econômico e Social).

- O detalhamento das providências, contratos, formalização da empresa, local (eventualmente uma incubadora, se possível), a estruturação dos processos, equipe, equipamentos e a implantação/início da operação.

Estas fases aqui indicadas, nesta super síntese, envolvem uma enorme gama de atividades que normalmente exigem do empreendedor um esforço enorme, algo ao redor de 12 ou mais horas de trabalho por dia. Como mencionei na Introdução, não pretendo aprofundar esta discussão, de resto já amplamente tratada na literatura da área. O que faço a seguir é pôr ênfase no que considero pontos críticos, nem sempre bem avaliados: (1) Os **4Es**, suas bagagens, seus movimentos e (2) o foco na inovação e na excelência no triângulo do negócio (que também discuto na sequência), tendo em vista alcançar o sucesso: um empreendimento de impacto operando.

Capítulo 1

A ORIGEM E A BAGAGEM DO EMPREENDEDOR: OS 4ES, SEUS TALENTOS E MOVIMENTOS

Diferentes "cabeças" e seus diversos contextos de atuação

Não pretendo tratar aqui dos **4Es** sob a ótica do papel que cada um exerce, responsabilidades que assumem, posições que ocupam. O que quero é distingui-los pela sua visão de mundo, por suas motivações, pela maneira de pensar, por traços de comportamento. Não fiz uma pesquisa científica. O que exponho aqui é fruto de muitos anos de observação sobre os **4Es**. Passei por estas vivências profissionais. Eu os vi e com eles convivi. Com eles trabalhei, com eles me associei, deles fui aluno e professor. Tive este privilégio. Aprendi mais do que pude transmitir, com especialistas, executivos, empreendedores e empresários. Vivi e vivo desafios em projetos profissionais em que as diferentes visões dos **Es** se opõem no limite do preconceito irreconciliável. É evidente que qualquer tentativa de caracterização estritamente delineada e formatada num universo imenso de tipos humanos que se dedicam a cada campo de atividade de cada um dos **Es** não faz sentido. Além disso, somos dotados de diferentes talentos, alguns mais utilizados e desenvolvidos em função das exigências de uma época. O que significa que não há situações totalmente estanques. Tanto no sentido de uma pessoa ter uma visão de mundo exclusivamente de um determinado **E** (um perfil de especialista, por exemplo) quanto não há também nada que impeça uma mudança de trajetória de um **E** para outro **E**. Uma pessoa pode ter facilidade para se desenvolver como um grande especialista e digamos que é o que ela está fazendo. Mas pode vir a desenvolver outras aptidões e se tornar um executivo, um empreendedor, um empresário. Ou optar por se dedicar, cada vez mais intensamente, ao "métier" de especialista. Por toda sua vida profissional, se esta atividade é a que mais motiva e satisfaz essa pessoa. Também é observável que determinadas tarefas e desafios exigem habilidades e competências com as quais nos sentimos muito à vontade e com outras ocorre exatamente o inverso. Parece-nos que nunca nos desempenharemos bem naquilo. Ou não temos a menor motivação em fazer aquilo que é demandado. Assim é comum ouvirmos coisas do tipo "ele tem um perfil de especialista, não de executivo". Ou o próprio indivíduo dizendo "não tenho perfil de empreendedor" quando perguntado, por exemplo, por que não transforma sua recente criação técnica em um negócio. Em torno das questões relacionadas a talentos, competências, motivações, critérios sobre o sucesso, procuro caracterizar em seguida as diferenças nestes perfis de cada um dos **Es**:

- Qual é a paixão, como cada um vê sua missão profissional?
- Como avalia o seu sucesso? (O que se vê como sucesso é revelador da visão que se tem das coisas.)
- Em que bases busca fundamentar sua liderança? (Qualquer líder no seu campo de atu fundamenta sua liderança nas dimensões da legitimidade e profundidade. A legitimidade diz respeito a quão ampla é a aceitação de suas ideias por seus pares, por seus clientes, por seus subordinados e outros interessados. A profundidade decorre da extensão e credibilidade das ideias e soluções que propõe.)
- Como vivencia os riscos?
- Que atributos, talentos e competências acha que precisa ter?

Além de características, que me parecem gerais nesses perfis, é preciso considerar que há uma enorme diversidade em cada um destes grupos.

Centenas de especializações, executivos das mais variadas áreas e negócios, e assim por diante. Procuro, então, adicionar meus comentários nessa direção ao final de cada tópico.

O *especialista*

O especialista que se destaca, normalmente, é um apaixonado pelo seu campo de atuação. Descobrir soluções eficazes dentro desse campo, por mais complexas que sejam as questões a ele colocadas, é o seu objetivo. O sucesso é reconfirmado a cada problema equacionado e maior é o sucesso quanto mais esse problema estiver no limite do que parecia impossível resolver. Sua liderança legitima-se pelo reconhecimento amplo do acerto de suas proposições. Daí sua busca no sentido de se tornar cada vez mais preparado e profundo na sua especialidade. É menos demandado do que os outros três **Es** a ter que se relacionar com muitas pessoas. Trabalham sozinhos ou com outros especialistas envolvidos naquelas questões. Não acham que têm que convencer pelo carisma, mas sim porque é o que **tecnicamente** se impõe. Lidam com o risco a fim de eliminá-lo. Buscam o risco **zero** (se é que há algo neste mundo com risco zero!).

Para o especialista, o principal risco percebido é o de que determinada solução não funcione, não seja a mais adequada. Em alguns casos, esse risco é muito grave. Enquanto desenvolvia estas ideias, encontrei-me com meu amigo Marcelo Galvão, engenheiro aeronáutico da Embraer, que trabalha em projetos de sistemas de comando de voo. Ele confirmou a maior parte das minhas observações sobre o perfil do especialista – estudo, pesquisa e análise exaustiva, respeito e legitimação pelo conhecimento especializado ("a pessoa começa a virar referência"). E, referindo-se ao seu mister como engenheiro aeronáutico, disse que o objetivo, embora inatingível, é zerar o risco de uma falha, ou seja, o risco tem que tender a zero. Neste sentido, são cumpridas fases que envolvem o conceito – requisitos técnicos – testes por partes e peças, testes completos ("se alguém liberar uma peça defeituosa ou ruim pode ser até preso"). Enfim, trata-se de uma sucessão de eventos exaustivamente testados. E graças a Deus, diria eu. É melhor que o sistema de comando de voo realmente minimize o máximo possível o risco de quaisquer falhas de mau funcionamento. Atribuem seu bom desempenho à facilidade de entender e incorporar novos e profundos conhecimentos do seu campo. Estudam, cultivam forte espírito de pesquisa e atendem a cursos avançados na especialização, mestrado, doutorado.

Este leque praticamente infindável de especializações e requisitos dos negócios implica os mais variados graus de complexidade, bem como os mais diversos graus de potencial gravidade dos efeitos de eventuais falhas técnicas. E aí parece que a vocação e o interesse profundo levam ao especialista de excepcional talento. Figura muito importante nos negócios.

O *executivo*

O **executivo** vê como sua missão fazer acontecer, na sua área de atuação – formando, liderando e motivando equipes competentes –, os objetivos colocados. Sua paixão está em alcançar uma clara contribuição e resultados relevantes ao crescimento e desempenho do negócio, ou liderando-o, ou a partir do seu campo de atuação (RH, finanças, etc.). Avalia seu sucesso e o da equipe através dos resultados alcançados, em especial quando diante de urgências, crises e dificuldades que, a princípio, pareciam intransponíveis. O executivo é legitimado por demonstrar que seu conhecimento, sua competência e sua liderança de um time competente e motivado produz os resultados esperados e que são relevantes para o negócio. A profundidade com que domina sua área de atuação e a sua gestão é também fundamento de sua liderança. Ele tende a se aprofundar, então, a partir da perspectiva da sua área de atuação, em negócios e sua gestão. Não raro fazem diversos cursos avançados, MBAs e cursos de extensão no Brasil e no exterior. É importante aqui fazermos uma distinção entre executivos de primeiro escalão, envolvidos no comando geral do negócio (presidentes, vice-presidentes, dirigentes de unidades de negócio), e executivos envolvidos na gestão corporativa de áreas funcionais como gestão de pessoas, finanças, controladoria, engenharia, jurídico.

Os primeiros estão na linha de frente da competição e da competitividade. Precisam e devem conhecer em profundidade as entranhas do negócio. Têm que entregar os resultados empresariais desejados (voltaremos a este tema para melhor detalhá-lo adiante). Executivos das áreas funcionais obviamente também têm que entender o negócio e dar contribuição importante ao desempenho empresarial a partir da perspectiva da sua área de atuação. E dentro de suas áreas habitam diferentes especialistas cuja atuação é muitas vezes decisiva. Executivos são demandados por relações diversas dentro da própria área, com chefes e subordinados, com os demais setores da empresa, com instituições externas de toda a ordem, clientes, fornecedores, comunidade. Sua liderança estende-se a muitas "interfaces" e sua legitimidade interna e externa é crítica.

Aqui também cabe lembrar que a complexidade, a natureza da competição, a tecnologia e outras tantas especificidades de cada negócio terão impacto nas exigências de atuação do executivo. O domínio de um determinado campo (marketing, finanças, RH, etc.) é um ativo fundamental para um executivo funcional. Mas requererá do profissional ajustes e aprendizado ao mudar de ramo de negócio. Os dirigentes principais (presidente, gestores de unidades de negócios) aportam a visão de conjunto sobre negócios e gestão, mas igualmente terão que se "ajustar" às demandas de um novo ramo em que porventura passem a atuar.

O *empreendedor*

O **empreendedor** tende a se "apaixonar perdidamente" pelo seu empreendimento. Eis sua paixão. Vive em função dela. Trabalha incansavelmente. Acredita na visão que tem do sucesso que advirá. Sua missão é transformar a ideia num empreendimento bem-sucedido. E esta é a sua medida do sucesso, o empreendimento bem-sucedido diante do que ele aspirava. Legitima sua liderança por esse sucesso. Durante o projeto demonstra a viabilidade das ideias, por maior que tenha sido sua "ousadia criativa". Vende a ideia. Convence pessoas. Vê como atributos e competências fundamentais a capacidade de aprender fazendo, de melhorar a partir do erro, a resiliência, a inventividade, a habilidade com pessoas e com negociações. Aprofunda-se diuturnamente nas variáveis do negócio e do projeto e aí está outro atributo da sua liderança. Quanto aos riscos, via de regra os assume sem "perder o sono".

Há que se ponderar, também, diferenças fundamentais de tipos de empreendimentos (e sua razão de ser para o empreendedor) e a respectiva postura do empreendedor. Há os empreendimentos frutos de inovações disruptivas, há aqueles em negócios convencionais, eventualmente com algumas inovações incrementais. Nada contra um competente mecânico que abre uma oficina com dois ajudantes. Ou um profissional liberal que abre um escritório de prestação de serviços próprios, um advogado, um contador. São pessoas movidas por uma boa dose de confiança no seu "taco profissional" e que buscam autonomia. Querem fazer do seu jeito. Preferem não ser empregados. Nada contra também as pessoas que abrem um restaurante ou um salão de beleza, ou qualquer outro negócio, digamos, convencional, similar a outros tantos. Todos dão uma boa contribuição à sociedade e à economia. Esses tipos de negócios poderão ser competitivos, bem estabelecidos e crescer. Poderão também, por que não, produzir inovações incrementais em relação ao que existe, pôr foco na excelência e "disparar". Embora não tenham se originado a partir de inovações radicalmente surpreendentes, conquistam seu espaço. E, a partir daí, crescem. Aqueles que já tem no seu DNA, na sua origem, inovações surpreendentes, bem recebidas, tendem a alavancar o crescimento a taxas geométricas. Há ainda a considerar negócios inovadores de impacto social. Negócios que procuram conciliar impactos sociais positivos com retorno sobre o investimento. Uma matéria da Revista Exame ("Os Novos Capitalistas", edição 1065, 14/5/2014) descreve, entre outros, o caso do Dr. Consulta[1]. Esta clínica, criada por Thomaz Srougi em 2011, iniciou-se na favela Heliópolis, em São Paulo. Em 2017, já eram 45 centros médicos operando na Baixada Santista, municípios da Grande São Paulo e na capital atendendo consultas, exames, checkups e outros serviços em

---

[1] www.drconsulta.com.br

56 especialidades cobrando entre 60 a 90% menos do que o sistema privado de saúde.

O *empresário*

O **empresário** tende a estabelecer profunda conexão com a empresa. Em muitos casos quase não há como separar a empresa da figura do empresário que, em última instância, busca perenizar uma empresa forte, lucrativa, respeitada e bem-sucedida. Nessa perspectiva é que vê e encara a saída de crises empresariais mais difíceis (societárias, técnico-operacionais, financeiras) como parte do "fortalecimento perenizador". A cada crise superada está a demonstração de energia e de uma empresa mais forte na saída da crise. Sua liderança legitima-se pela condução até uma empresa de sucesso continuado e, para ser legitimada, envolve sua aceitação por uma (muito) ampla gama de interessados: a sociedade, a comunidade próxima, os clientes, os fornecedores, os prestadores de serviços, os empregados, as autoridades, o governo. Como já mencionei, as situações não são estanques. O empresário também assume, com frequência, papéis executivos. Nesse caso, é importante que compreenda e vivencie o perfil de um executivo. Estou aqui e lidero porque "sou dono" ou "estou nessa posição e lidero pelo meu preparo e competência"?

Há os **investidores**: investidores são empresários? Sim e não. Podem ser aqueles que investiram nos seus próprios negócios. Ou podem ser tão somente acionistas interessados no bom andamento de uma empresa, na sua valorização e nos dividendos das ações detidas. Mas também podem se constituir em um "negócio de investimento", em uma empresa. Nesse caso, um empresário de uma empresa de investimentos. Podem atuar comprando posições em empresas, apoiando seu desenvolvimento e a gestão (*venture capitalists* e *private equities*) visando potencializar o valor da empresa. De especial interesse para empreendedores em busca de capital são os fundos de investimento que se interessam por *startups* ou os chamados "investidores anjo". Podem ou não ter um nível de envolvimento na gestão (conselho, etc.).

Vimos aí, então, de um lado, diferentes perfis a respeito de cada um dos **Es** e, de outro lado, ao colocarmos um certo "zoom" em cada **E**, vimos que há diferentes casos, classificações em cada grupo e diversos contextos de atuação em cada caso. Ao olhar esses universos outra questão que aflora – e creio ser também marcante quanto à visão de mundo/mentalidade de cada um dos **Es** – diz respeito a como cada indivíduo vê sua sobrevivência e progresso financeiro. Aquilo que a pessoa escolhe como base para obter seus rendimentos e tocar sua vida de trabalho vai muito além de educação, formação acadêmica e condições econômicas específicas. Envolve valores fundamentais relativos à autonomia, sentimento de segurança, valores relativos à parte financeira da vida. Você pode gostar da ideia de um bom emprego. Outras pessoas podem detestar a ideia. Você pode se sentir muito bem tornando-se cada vez mais especializado. Outros podem não gostar. Em qualquer das posições você pode se sentir bem em relação aos seus rendimentos, eles podem ser satisfatórios. Talvez, então, o divisor de águas aqui esteja no fato de que ao optar por uma atuação como especialista ou executivo, na grande maioria dos casos, você se vê como empregado. Nada de errado, deixe-me dizer. Mas, possivelmente, um valor que neste caso é prezado é a segurança (não sei se existe). Boa remuneração. Benefícios. Possivelmente você acha muito arriscado se meter em negócios próprios. Já empreendedores e empresários talvez convivam melhor com os riscos. Buscam autonomia. Pensam que podem se realizar construindo algo próprio, seja uma pequena oficina mecânica, um empreendimento inovador de impacto ou uma grande empresa. Mas seu valor é a construção de riqueza. Frequentemente começam do nada. Não costumam ter dificuldades em se cercar de pessoas inteligentes e mais experientes. Veem sua vida financeira a partir do retorno dos investimentos que fazem. Nada a ver com salários e benefícios. O quadro a seguir sintetiza e compara as características, motivações e talentos que movem os **4Es**.

CAPÍTULO 1 — A ORIGEM E A BAGAGEM DO EMPREENDEDOR...

	ESPECIALISTA	EXECUTIVO	EMPREENDEDOR	EMPRESÁRIO
PAIXÃO	Campo.	Área de atuação Resultados.	"Sonho" realizável.	Fortalecer/perenizar empresa.
RISCOS	Busca: ZERO.	Análise racional, minimizar envolvimento.	Risco? Que risco?	Muitos. Avaliação e proteção.
CONHECIMENTO /COMPETÊNCIA	Campo. Especialização, doutorado/pós.	Negócios. Gestão. MBAs.	Tudo o que o empreendimento exige.	Um tanto de cada "E". Negócio, ambiente, concorrência, etc.
LIDERANÇA (Legitimação/ Profundidade)	Reconhecimento da competência. É o certo, é o que tem que ser feito.	Resultado/equipe. Impacto no negócio.	Intuição/criação. Grandes "sacadas". Carisma.	Sucesso empresarial. Coerência de princípios. Aceitação ampla.
SUCESSO	Problemas (fortes) equacionados, solucionados.	Resultados relevantes. Superação de crises.	Empreendimento de impacto.	Empresa de sucesso continuado.

4Es – MOTIVAÇÕES E TALENTOS

Caminhando pela vida e pelos quadrantes

Com as diversas qualificações e as diferenças de contextos em que trabalham, podemos visualizar os **4Es** em quadrantes. Mas antes deixe-me introduzir um quinto **E** ainda não citado, mas também fundamental. São os **executores**. Milhões de pessoas que trabalham nos processos operacionais e administrativos, que fazem todas as tarefas requeridas para que a empresa opere. Igualmente farão suas trajetórias profissionais. Poderão entrar em um campo especializado ou em uma área operacional ou administrativa e daí seguir quaisquer das trajetórias dos **4Es**. Todos conhecemos importantes especialistas, executivos, empreendedores ou empresários que nos contam que iniciaram como "office boys", como funcionários administrativos, vendedores ou operários. Eis os quadrantes:

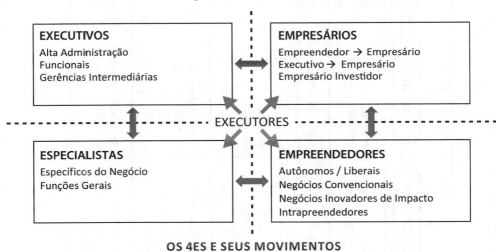

OS 4ES E SEUS MOVIMENTOS

Os caminhos que as pessoas seguem pela vida afora são muitos e variados. De especialista a executivo, um caminho relativamente comum. De especialista a empreendedor, eis que o especialista desenvolveu um produto incrivelmente inovador ou, por exemplo, um aplicativo que gerou o início de uma *startup* de impacto. E, por vezes, o sofrido caminho de volta quando o empreendimento não se viabiliza: de empreendedor a especialista. Ou o executivo que vira sócio da empresa. Ou o empresário cuja empresa é vendida a uma maior, mas esta exige que ele permaneça como executivo dirigente da empresa pelo menos por um determinado período. Enfim, os movimentos nos quadrantes podem ocorrer em "n" direções pelas circunstâncias da vida ou pela determinação individual. Esses movimentos não dizem respeito a uma simples mudança no que você faz. Uma pessoa pode hoje ter uma "cabeça" predominantemente de especialista, mas ter também possibilidade de vir a crescer como empreendedor. Mas terá que se **enfrentar! Mudar! Você** terá que fazer aflorar recursos que nem **você** mesmo sabia que possuía!

Se o quadro inicial fosse de uma predominância no quadrante especialista e agora você se lançou como empreendedor, significa que sua porção empreendedor tem que crescer bastante (o que pode ser sofrido, e não garantido): lidar o tempo todo com incertezas e riscos, "vender" ideias, convencer pessoas, inspirar a equipe. **Tudo o que o legitimava e o fazia respeitado como especialista pode ir para um plano secundário**! (Pior: se permanecer em primeiro plano poderá atrapalhar, e muito, o desenvolvimento do empreendedor e do empreendimento.)

Muitos movimentos podem acontecer de qualquer quadrante para qualquer outro, com novas exigências, como vemos a seguir.

De especialista a executivo

Este é um problema tradicional nas empresas. Muitas delas implantaram o conceito de carreira em Y, permitindo avaliações mais conscientes se é o caso de uma pessoa permanecer numa carreira na sua especialização ou passar para uma carreira executiva. Casos em que a única maneira de ascender profissionalmente é a carreira gerencial criam o ambiente propício para que a empresa troque talentosos especialistas por gerentes fracos. E por quê? Porque, novamente, em larga medida, o desafio de quem faz essa transição não é meramente o de adquirir novos conhecimentos. Passa a se exigir da pessoa habilidades não trabalhadas com intensidade anteriormente: interagir com muitas pessoas, subordinados e de outras áreas, constantes reuniões a participar e/ou a liderar, negociações, consideração dos aspectos políticos, competências gerenciais (planejamento, liderança, informações gerenciais, avaliação e controle, coordenação) e, no fim das contas, entender o papel da área que gerencia no negócio e entregar resultados efetivos.

De especialista a empreendedor

O que você sempre gostou de fazer e a isso se dedicou com afinco foi um forte envolvimento com informática, soluções de sistemas, programação em alto nível? Um típico *nerd*? Mas eis que você descobriu/inventou/criou/testou e fez funcionar uma solução interessantíssima na qual vinha trabalhando. E por que não produzir e comercializar essa solução? Prepare-se para todo o "pesadelo Brasil" (bem pior do que o "custo Brasil" do qual sempre ouvimos falar):

- Abrir uma empresa: o contador disse que são dezenas de procedimentos e exigências. O pior é que é verdade.
- Entender o que o contador está falando sobre guias, recolhimentos, impostos... atender ao que agências, fiscais, enfim, órgãos de todo tipo, de todas as instâncias de governo, estão pedindo, com ameaças de multas, etc.
- Impostos. Muitos impostos.
- Como conseguir patentear a solução?

E por aí vai: um peso de custo que você sequer imaginava existir, noites mal dormidas, um terrível (e duradouro) pesadelo. Com a cabeça de certos governantes, a tendência é piorar. Você é agora um "capitalista ambicioso" e potencial sonegador. Embora "capitalista", suas reservas serão suficientes para lançar o produto e sobreviver? Como obter financiamento adicional quando necessário? Enfim, não há mais ninguém para te pagar mensalmente e é muito provável que você precise de mais dinheiro. Você conversou com aquele seu primo executivo financeiro, e ele falou a respeito de investidores anjo, linhas da FINEP, *private equity*. Anjos? Até agora, pensa você, "os bancos em que fui, encontrei os meus próprios demônios...". Ou seja, será que consigo conviver com todo o risco que estou assumindo? *Private*... o que mesmo que ele disse? Por falar em risco, o que acontece se o produto não tiver a demanda que você está imaginando?

Quanto à solução técnica, está mais do que testada. Mas e o cliente? Como atingi-lo? Como me comunicar? Vou precisar além do Zé Mário, que está me ajudando na parte técnica, de ajuda na parte de vendas e financeira. Como convencer tanta gente, fornecedores, equipe e o contador? Será que isto vai dar certo? Novos conhecimentos sobre todas essas questões de uma forma ou de outra serão incorporados.

A luta é a mudança pessoal!

Numa transição de executivo a empreendedor muitas dessas questões também surgem. Talvez com um ponto mais favorável no que diz respeito à gestão, equipe, aspectos financeiros. Mas talvez lhe falte o "grande estalo" da solução proporcionada por um produto incrivelmente diferenciado.

De executivo a empreendedor

Executivos com uma dose de espírito empreendedor, trabalhando em estruturas grandes e com processos e procedimentos a observar, podem sentir uma certa frustração com as dificuldades de levar adiante certos projetos e inovações. Passam a desenvolver ideias para um empreendimento, querem atuar com autonomia. Empresas inovadoras têm procurado quebrar paradigmas de gestão e controle visando atrair e, principalmente, reter estes talentos, abrindo espaço, estimulando, reconhecendo a importância de uma contribuição criativa, ousada, inovadora (para que talentos façam do "seu jeito", mas na própria empresa).

Ao levar adiante esta trajetória de executivo a empreendedor, de qualquer forma, tornar-se-á crítico você enfrentar questões pessoais difíceis e mudar. Lidar agora com o conjunto de riscos de um negócio, técnicos, operacionais, trabalhistas, e, em especial, os financeiros. Não se trata de uma análise adequada dos riscos (o que você sempre fez muito bem), mas sim de como **vivenciar e conviver** com os riscos. Na empresa, você "brigava" um pouco mais pelo orçamento e reforçava aqueles pontos críticos da equipe. Agora, cobrir lacunas graves na equipe geram custos talvez impraticáveis, ou levam a novas parcerias e arranjos societários.

Sua liderança era legitimada pela competência na gestão, levando a resultados reconhecidos e que alavancavam sua carreira. Se não desse certo ou se você não fosse reconhecido, você poderia mudar de emprego. O resultado fundamental agora é um negócio novo e que se torne viável: com clientes felizes, produtos e serviços de excelência, lucrativo, autossustentável. E sua liderança é legitimada não pela sua competência na gestão e liderança da equipe, mas por fazer acontecer esse novo negócio, plenamente viável. E se não der certo... Como se vê, não se trata tão somente de obter mais alguns conhecimentos. Você tem que enfrentar duros desafios pessoais e mudar!

Se o empreendimento é na sua mesma área de atuação executiva (marketing, RH, finanças, etc.) você já traz o conhecimento e provavelmente já é reconhecido neste aspecto por profissionais da área. Mas cuidado! A questão central agora é fazer acontecer um negócio. Se o empreendimento é numa área nova para você, há muito o que aprender (inclusive quanto à aplicação do conhecimento que você já traz nesse novo negócio). Mas, em larga medida, trata-se agora de você **aprender fazendo e fazer aprendendo.**

De executivo a empresário

Como já vimos, estes são papéis próximos e frequentemente superpostos. As situações são muitas, mas somente para destacar algumas:

- Empresário que vende o controle, mas permanece em uma função executiva (caso oposto ao que aqui discuto, mas que também acontece – de empresário a executivo).

- Executivos que, por várias razões e caminhos, tornaram-se sócios da empresa.

- Executivos contratados e designados pelo Conselho de Administração para o comando executivo da empresa, caso já mencionado. Talvez nunca tenham investido um real na empresa até então, ou talvez nunca tenham se envolvido em um empreendimento próprio iniciado da estaca zero. E muitos são até mais bem-sucedidos do que os próprios empreendedores e empresários originais.

- Executivos que compram a empresa.

Conheço um caso interessante sobre esse último tópico. Uma grande empresa canadense resolveu vender uma divisão que não estava mais no seu escopo estratégico e os quatro executivos que a comandavam se propuseram a comprá-la. Puseram "no jogo" todas as suas economias e tomaram emprestado alguns milhões de dólares. A empresa, para felicidade desses "executários" (executivos-empresários) caminhou bem e, posteriormente, capitalizou-se com a venda de 40% das ações a um *private equity*. Fizemos uma *joint venture* no Brasil com essa empresa da qual me tornei sócio e dirigente. Anos depois, conversando com um desses executivos, membro do Conselho no Brasil e VP para Américas, perguntei-lhe o que tinha sido crítico e difícil na trajetória deles e dos executivos sócios com a compra da divisão. Sua resposta foi curta e direta: "antes da aquisição, eu era o executivo de operações. Meu risco era ser demitido, caso não tivesse um bom desempenho ou, caso me 'cansasse' da empresa, poderia procurar o RH e pedir para sair. Agora, meu risco, se der errado, é outro... eu viro *homeless* porque até a minha casa está hipotecada. E se eu procurar o RH podem pedir para me internar. Não tenho como me demitir".

Achei sua resposta bastante elucidativa e foi como ele finalizou: "uma coisa é ser executivo, outra completamente diferente é assumir a responsabilidade por um negócio, ser um *businessman*".

De empreendedor a empresário

Tratei até então dos diversos movimentos e trajetórias. A que nos interessa mais de perto, no entanto, é a do empreendedor (qualquer que seja a sua origem) para empresário. Que avance do empreendimento que vai bem para uma empresa forte e de sucesso continuado. Esta transição deixei para analisar na próxima etapa da viagem, no capítulo 6. O empreendedor cresce como empresário na luta para evoluir de um empreendimento de impacto para o "empresadorismo" de sucesso continuado. Uma menção ainda é necessária sobre os **4Es** atuando na empresa e os **4Es** que o "habitam". É o que se segue.

Os 4Es que a "habitam" são fundamentais para o sucesso da empresa. E os 4Es que o "habitam" são fundamentais para o SEU sucesso!

Pelos caminhos da vida você veio a se tornar um **executivo** da alta administração? Ou um **empreendedor** que lidera um projeto de um novo negócio que está decolando? Ou você é um **empresário** bem-sucedido e que está no comando da empresa?

Nessas posições de liderança, o sucesso nos projetos e a resolução das complexas questões que chegam à sua mesa passam pela mobilização, gerenciamento e atuação coordenada dos talentos dos **4Es**. Há preconceitos entre as diferentes visões dos **Es**. Liderando-os, se posso sugerir, não opere e não dissemine esses preconceitos. Coisas tais como "ele só vê o sucesso do empreendimento, o prazo, mas não consegue compreender a complexidade técnica e os riscos dessa questão" ou "ele é um técnico um tanto radical, só vê a solução técnica, e não compreende o negócio" e por aí vai. Estimule a compreensão mútua destes diferentes ângulos de visão: a importância de soluções técnicas corretas e a minimização de riscos, mas sem perder o *timing* e sem descaracterizar o negócio. Saia da postura **ou... ou**... ou, é isso ou é aquilo, e passe para o **e... e**..., é isso e é aquilo também.

Um "mero" problema técnico pode colocar em risco um negócio. A tristemente famosa crise dos freios de carros produzidos pela Toyota nos Estados Unidos, em 2009[2], ilustra bem o ponto.

Acidentes aéreos recentes também trouxeram à tona problemas técnicos que poderiam tê-los evitado. Não tão grave – não colocava em risco vidas humanas – também vivi uma dessas "crises de origem técnica" enquanto presidente de um operador logístico no Brasil. Um dos contratos mais importantes – logística de CKD[3], com um dos principais clientes automotivos, começava a ficar em risco.

De fato, a reclamação (e as penalidades decorrentes) requeria resposta rápida e definitiva. Quase 20% dos para-brisas enviados para a fábrica no exterior chegavam quebrados à linha de montagem após abertura das embalagens. De fato, não há como confiar serviços logísticos delicados a um operador com esse desempenho. Imediatamente trouxemos dos Estados Unidos Mr. Earl, considerado o melhor especialista em engenharia de embalagens em toda a organização. Tão logo Mr. Earl chegou, foi composta

---

[2] Quatro pessoas morreram em um acidente atribuído inicialmente a uma suposta falha nos freios, como explico em mais detalhes no capítulo 8, no tópico "Mas qual é mesmo a inovação?".

[3] CKD, "Completely Knocked-Down", logística de embalagem e exportação de peças e subconjuntos automobilísticos.

uma *task force* incluindo os executivos e técnicos especializados das áreas de "engenharia de embalagens", "operações" e "desenvolvimento de negócios".

Num trabalho coordenado e acelerado, Mr. Earl rapidamente revisou tudo o que havíamos feito: projeto técnico da embalagem, produção da embalagem, processo de recebimento, descarregamento e movimentação interna dos para-brisas e carregamento dos caminhões até seu despacho. E para aumentar nossa angústia veio nos dizer que não havia encontrado NADA de errado. Pelo contrário, o projeto revirado e revisto "n" vezes no CAD/CAM era muito bom, cubicamente otimizado (quanto à quantidade de para-brisas por caixa) e seguro. Os processos operacionais também estavam corretos. "Mr. Earl, o que fazemos então?", perguntei entre angustiado e preocupado. E ele respondeu: *"I'm gonna staple myself to the windshields' case to Argentina* (Eu vou me grampear na caixa dos para-brisas e seguir com ela para a Argentina). E lá foi ele. "Grampeou-se" às caixas, subiu no caminhão que as levava e seguiu viagem. A cada parada examinava as caixas. Assim fez durante o descarregamento, a movimentação nas empilhadeiras e a abertura das caixas no local de entrega. Lá pela terceira ou quarta caixa aberta surge a explicação: um pé de cabra que estava sendo utilizado na abertura da caixa escorregara e quebrara três ou quatro para-brisas. E surge a solução: trocar os pregos das caixas por parafusos e disponibilizar algumas desparafusadeiras para a abertura das caixas. Os executivos vieram acompanhados de Mr. Earl me comunicar esta "aliviante" novidade. Pensei com meus botões (e depois contei a Mr. Earl): que bom que este especialista renomado tem sua "porção de empreendedor" – não havendo causa técnica evidente, "grampeia-se" à caixa e com ela viaja. E também sua "porção empresário", o que havia me ficado marcado no primeiro contato com ele. Antes de mergulhar nos dilemas técnicos, ele quis saber o impacto do problema nos negócios e, principalmente, o quanto poderia desgastar nossos princípios de atuação, nossa filosofia. Disse-lhe que, entre outros "desastres" eminentes, este episódio poderia "destruir" outro grande "ativo em gestação": nosso melhor homem da área de desenvolvimento de negócios – grande espírito empreendedor – estava mergulhado numa relevante oportunidade de negócio em uma outra montadora. E esse desagradável caso dos para-brisas já havia, de alguma forma, "vazado" do lado de lá. Isto punha em cheque nosso princípio de atuação quanto a serviço ao cliente e quanto à qualidade das nossas soluções técnicas decorrentes de uma "inteligência logística" comprometida com a otimização dos negócios dos clientes.

Mas eis que nosso empreendedor da área de desenvolvimento de negócios fez do limão uma limonada, rapidamente. Incluiu na apresentação da proposta aos executivos da montadora um breve relato sobre o problema e a rapidez com que foi encontrada a curiosa – e muito simples solução – com a ajuda de Mr. Earl. De eventuais comentários e apreciações negativas, mostrou o episódio como bom exemplo de prontidão e agilidade no atendimento ao cliente.

Casos como esses – crises e situações muito tensas – põem à prova a disponibilidade e a atuação destes **4Es**. **Especialistas** que solucionem desafios difíceis da sua área de especialização, qualquer que ela seja: projeto de produto, tecnologia de informação, financeiro, gestão de pessoas, jurídico, etc. **Executivos** que concebam planos de saída da crise, liderem suas áreas especializadas e deem uma contribuição efetiva à solução. **Empreendedores** que viabilizem criativamente novas oportunidades de negócios, ainda que ameaçadas por crises. **Empresários** que liderem estes diferentes (e não raro conflitantes) talentos. E que, por maior que seja a turbulência provocada pela crise, mantenham-se fiéis e reforcem a filosofia que imprimem aos negócios.

Cabe aqui ressaltar o quanto pode ser decisivo o profissional que, embora profundo na sua perspectiva, consegue entender e conviver com as demais visões. É o caso do Mr. Earl. Não ficou enclausurado, felizmente, no seu arsenal técnico e tão somente nos desafios de sua especialização. O quanto, que porção de cada um dos **4Es o habitam** é também uma fortíssima alavanca para o seu sucesso! Embora você prossiga focado no seu "**E**", aqui surge um desafio para cada um de nós. Alguém pode ser um especialista brilhante, gostar e estar feliz com o que faz. Pode até ter tentado testar possibilidades como empreendedor ou executivo, talvez despertando talentos ainda submersos. Pode ter descoberto novas habilidades. Ou pode achar que sua vocação é mesmo a de um especialista e que ele, ao mudar, iria se violentar. Mas, como especialista, se tornará muito mais "organizacionalmente competente", se compreender e interagir bem com as demais perspectivas. Igualmente isto vale para o executivo, o empreendedor e o empresário. Podemos, cada um de nós, a qualquer tempo, despertar alguns talentos novos, ainda que nosso nível de autoconhecimento duramente conquistado nos diga no que **queremos de fato atuar**. O melhor a fazer é atuar no que nos encanta, no que nos motiva e naquilo em que nossa contribuição é mesmo diferenciada.

Ao sermos demandados ou ao nos lançarmos em atividades que nunca havíamos tentado, podemos descobrir potenciais habilidades e talentos que desconhecíamos. Mas também nos depararmos com dificuldades pessoais que se nos afiguram intransponíveis. Desenvolvemo-nos mais acentuadamente em determinados aspectos e menos em outros. Wilber[4] caracteriza bem esta questão quando diz: "sou bom em algumas coisas, nem tanto em outras". E complementa dizendo:

"Você já percebeu como praticamente todos nós temos um desenvolvimento irregular? Por exemplo, algumas pessoas são altamente desenvolvidas em pensamento lógico, mas apresentam desenvolvimento precário no trato de sentimentos e emoções. Algumas têm desenvolvimento cognitivo avançadíssimo (são muito inteligentes), mas seu desenvolvimento moral deixa a desejar (são implacáveis). Outras se destacam pela inteligência emocional, mas não conseguem somar 2 mais 2". São, no dizer de Wilber, diferentes linhas de desenvolvimento: a cognitiva, a do self, a de valores, a moral, a cinestésica, a emocional, a estética, a musical, a espiritual. Podemos então dispor de determinado talento, mas, por inúmeras circunstâncias da vida, não o desenvolvemos. Um talento musical, por exemplo. Mas por quaisquer razões nunca nos sentamos à frente de um piano.

Assim, é possível que tenhamos talentos que distinguem cada um dos **4Es**, mas desenvolvemos alguns deles e outros não. De um lado, pelas circunstâncias de nossa trajetória. Mas, também, pelas características psicológicas, pelas nossas, digamos, facilidades e dificuldades emocionais, comportamentais. Ou seja, nossa evolução na linha de desenvolvimento "emocional". Exemplifico: um indivíduo pode até se expressar bem, com boa articulação das ideias, porém é muito tímido. Tem pavor de falar em público. É convincente nos seus argumentos. Tem um dos talentos tipicamente requeridos de um empreendedor, mas não o

---

[4] WILBER, K. *Espiritualidade integral*. São Paulo: Aleph, 2006.

desenvolve. Acompanhei o caso de um amigo que simplesmente ficava gago diante da plateia. Ocorre que ele decidiu enfrentar de frente esta dificuldade: hoje é um extraordinário conferencista. E mais: criou uma empresa de desenvolvimento gerencial em cima desta sua "força" como conferencista de renome. E com muito sucesso. Também pode ocorrer o contrário? Claro que pode. Ao confrontar uma dificuldade a pessoa vive uma experiência muito ruim e nunca mais volta a lutar contra essa dificuldade. Mas também pode se tratar de um "autopreconceito". Pode ser o caso em que o indivíduo se depara efetivamente com requisitos de uma linha de desenvolvimento em que é claramente carente. Concentrar-se, estudar, trabalhar com a lógica: talentos de um especialista. Eis que uma determinada pessoa é impaciente, extrovertida e diz a si mesmo: "não vou ficar aqui estudando isso até entender, vou perguntar a alguém que eu acho que já sabe". A menos que, em algum momento, confronte esta característica (ou seja, obrigado a confrontar por qualquer razão) passará a vida inteira dizendo: "eu jamais poderia ser um especialista!". Acho também que é sempre possível aprender e melhorar, ainda que não seja este talento agora requerido o seu forte. A questão é o esforço de mudar... a nós mesmos. Ou não. A opção pode ser a de persistir e permanecer em uma dada trajetória – como especialista, como executivo, por exemplo – e nela se sentir cada vez mais preparado e bem posicionado e... feliz!

Agora, se você já começou ou pretende caminhar nestes quadrantes para o de empreendedor e de empresário, prepare-se para ser exigido, e muito, naquilo que não eram as suas maiores "forças" até então. É esta a mensagem principal: você terá que buscar, revelar e desenvolver habilidades, competências e talentos que estavam aí, mas não tinham sido exigidos até então. Nesta altura, se você caminhar para uma atuação como empresário a partir destes movimentos, terá de alguma forma executado e integrado diferentes habilidades destes **4Es**. Continuará sendo melhor em algumas delas do que em outras. Mas já terá acrescentado uma vantagem, a de entender, trabalhar e liderar estes diferentes talentos, o que também está, como já vimos, na base do sucesso da empresa.

No capítulo 2, a seguir, detalhamos a busca do sucesso num empreendimento a partir da solução dada às variáveis críticas de um negócio.

Capítulo 2

EMPREENDIMENTOS DE IMPACTO: INOVAÇÕES E EXCELÊNCIA NO TRIÂNGULO DO NEGÓCIO

O triângulo do negócio

Numa "atrevida" síntese, digo que um negócio de sucesso é criado – em uma analogia com um triângulo – quando em essência:

Clientes, no vértice superior do triângulo estão encantados pelo valor que verificam, percebem, sentem nos **produtos/serviços** que lhes são entregues a **preços** que sequer o cliente quis comparar com outros pelo seu grau de excitação/felicidade com o valor percebido na hora da compra, do uso e da assistência posterior à compra, se necessária. Assim, esse triângulo **clientes-produtos/serviços-preços** produz satisfação e relações de verdadeira cumplicidade entre empresas e clientes e melhoria da vida – sejam empresas, sejam pessoas – de quem compra. O preço, nesse contexto, tende a não ser um fator decisivo no fechamento das vendas e, ao mesmo tempo, é adequado para gerar uma justa lucratividade e remuneração dos investimentos. De tal forma que investidores também estão dispostos a continuar investindo no negócio.

O problema em buscar uma síntese "atrevida" está no risco de passar a impressão de que então criar um negócio de sucesso é uma tarefa simples. Basta criar as soluções e sua harmonização para estes três vértices do triângulo. Se fosse simples, não teríamos, como já mencionei, mais do que 50% dos novos empreendimentos encerrados em até cinco anos.

As questões a equacionar, à medida que o empreendedor "mergulha" no triângulo, vão se mostrando complexas, difíceis, arriscadas.

O cliente

Este personagem absolutamente vital para o negócio é uma empresa ou é uma pessoa? Se for uma empresa e uma venda técnica, o pessoal da compradora examinará detalhadamente a solução proposta comparativamente com outros proponentes e com sua própria visão do que é necessário. Você precisará de competência no marketing industrial (cuja obra seminal[1] e cujo desenvolvimento posterior vem sendo produzido no Brasil pelo meu prezado amigo José Carlos Teixeira Moreira).

Se for uma pessoa, um usuário, um consumidor, um cliente final, você interagirá com o mundo subjetivo e objetivo desse seu cliente. Pouco adianta seu discurso sobre o valor da sua proposição para convencê-lo. Como diz José Carlos, com total propriedade, "VALOR é uma responsabilidade do cliente: só ele pode atribuir valor a um produto ou serviço que alguém ofereça"[2].

Há muitas outras questões sobre clientes para as quais nem sempre é fácil obter respostas conclusivas. Eis algumas:

- O que o cliente busca, qual é sua intenção, quais as soluções que espera encontrar quando cogita dos produtos/serviços que você está ofertando?
- Como ele é atendido atualmente? O que a sua proposição tem de melhor?
- Onde estão estes clientes? São locais, de uma região, estão em dezenas de cidades, estão em muitos países? Como se comunicar com eles? Que solução logística os atenderá?
- Existem concorrentes atuais ou potenciais relevantes? Você os conhece?

---

1   MOREIRA, J. C. T. *Marketing industrial.* São Paulo: Atlas, 1995.
2   MOREIRA, J. C. T. *Usina de valor.* São Paulo: Gente, 2009.

É necessário entender estas e outras tantas questões que configuram o mercado, a competição e a atuação do seu negócio neste contexto.

O *produto/serviço*

Todos nós conhecemos, já compramos e já vivenciamos aqueles casos em que um determinado produto considerado muito bom se transforma em um "pesadelo": a entrega atrasa muito... quando chega, chega errado, a instalação é difícil e o técnico demora... ninguém instrui sobre o uso... na primeira falha descobre-se que a rede de assistência técnica também não funciona. O que a sua proposição tem de especial, único, que traga soluções e não dores de cabeça deste tipo?

Como se vê, ao pensar produtos/serviços, muitas questões têm que ser resolvidas, desde o projeto da solução, sua proposta de valor até a logística da entrega e o pós-venda.

O produto (ou o serviço) resulta de processos e recursos neles utilizados. Da origem dos insumos, dos fornecedores, passando pelas operações e depois pelos canais de distribuição, o produto chega ao cliente final. Envolve, portanto, todo o fluxo de abastecimento/produção/distribuição. Um exame da cadeia de suprimento como um todo é importante pela multiplicidade de alternativas de soluções que oferece, com impactos muito relevantes na configuração de um negócio. O campo da gestão da cadeia de suprimento tem sido gerador de inovações estratégicas para a competitividade.

Produtos/serviços raramente "andam" sozinhos. Quer pela necessidade de complementação, quer para atender diferentes necessidades e desejos dos clientes são criadas linhas de produtos. Muita diversidade de produtos leva ao aumento da complexidade das operações como um todo e da gestão (insumos, fornecedores, estoques, produção, distribuição, etc.). Linhas "incompletas" potencialmente levam à perda de vendas/mercado. E como o foco restrito ou uma linha diversificada afeta a rentabilidade? De novo: as decisões, as políticas a serem adotadas são arriscadas e complexas para se chegar a um negócio de impacto, de sucesso.

O preço

Você, com sua criatividade, inovação e excelência escapou da armadilha de competir estritamente via preço. Ótimo. Mas é preciso ir além ao projetar um negócio, considerando também o efeito de volumes X preços na rentabilidade e na busca de um retorno adequado dos investimentos. Há que analisar, então, se há uma margem unitária adequada nos produtos vendidos (diferença entre a receita, os custos variáveis e outro diretamente identificados com o produto, materiais, insumos, etc.).

Se o volume total vendido em um período, digamos, foi de 1000 unidades com uma margem unitária de $50,00, você tem uma margem total de $50.000,00 no período. Digamos que os custos e despesas fixas sejam de $50.000,00. Ok, você atingiu o chamado ponto de equilíbrio, isto é, o volume que, com essa margem unitária, leva a nenhum lucro, nenhum prejuízo. Como é óbvio, com essa margem você precisa vender mais. Digamos que você atingiu 2000 unidades. Produziu agora um lucro de $50.000,00 depois de cobertas as despesas indiretas e fixas, caso estas não tenham aumentado com o aumento de volume. Melhor. Quem empreende só sobrevive e pode pensar em crescer e prosperar, se houver lucro. Mas o lucro é uma coisa, por incrível que pareça, muito mal interpretada e geradora de mal-entendidos:

- Empresas que colocam todo o empenho no lucro a curto prazo e como fim último do negócio: quando entendido desta forma o que temos é uma distorção que, ao longo do tempo, pode se tornar devastadora. Lucro é a contrapartida natural e justa do custo do capital e do risco, mas como consequência de um propósito de servir, solucionar questões e melhorar a vida dos clientes e da sociedade.

- Mas o que é o lucro? De que lucro estamos falando? Eis outro foco de mal-entendido. Os $50.000 do exemplo, obtidos com a venda de 2000 unidades, são o lucro contábil, aquele apurado nas Demonstrações Financeiras pelo contador. Mas como Peter Drucker[3] conceitua com absoluta precisão, *"a primeira porção do que chamamos lucro é, na essência, um custo, o custo do capital empregado"*. Há muitos anos os

---

3 DRUCKER, P. *Os novos desafios dos executivos.* São Paulo: Elsevier, 2012.

economistas nos explicam que há três recursos necessários: mão de obra, recursos físicos e capital. O capital empregado em um empreendimento pode ter sido suprido por acionistas, por investidores e todos têm custos. Acionistas sem nenhum retorno sobre o capital tenderão a desistir do negócio. Bancos e financiadores que não recebem juros e amortizações poderão levá-lo à concordata, ou mesmo à falência.

Talvez, se seu custo de capital empregado é $50.000,00, o "lucro" tenha que estar mesmo entre aspas. O que sobra, se é que sobra, é o que remunera o risco. A montagem de um negócio caracteriza-se por empenhar recursos agora, na frente, na expectativa de futuramente obter-se rendimento, o que pode ou não ocorrer.

Recursos são empenhados na incerteza e no risco. E sabemos que há riscos de toda a ordem, econômicos, tecnológicos, sociais. A questão central, então, é qual é a lucratividade mínima necessária para cobrir os riscos futuros da empresa.

O que não costuma ser bem entendido, especialmente no nosso contexto latino-americano, levando a toda sorte de populismos e acusações, principalmente a de que os empresários lucram muito, independentemente de qualquer consideração sobre o custo de capital e os riscos. São empresários gananciosos e, com isso, geram inflação, prejudicam trabalhadores, só pensam no lucro imediato, etc. (Há casos de lucros exagerados e com origem pouco meritória ou mesmo de atos eticamente condenáveis. Estes cabem às instituições de controle, policiais e da Justiça resolverem. Mas esta não é a regra geral no duro dia a dia da viabilização de um negócio.)

Termina aí a modelagem do negócio – clientes-produtos/serviços--preços bem pensados e encaixados? NÃO! Há pelo menos outras três dimensões absolutamente críticas para o sucesso do negócio: as pessoas, os processos/modelo de operação e a gestão.

Vejamos agora o triângulo como um todo:

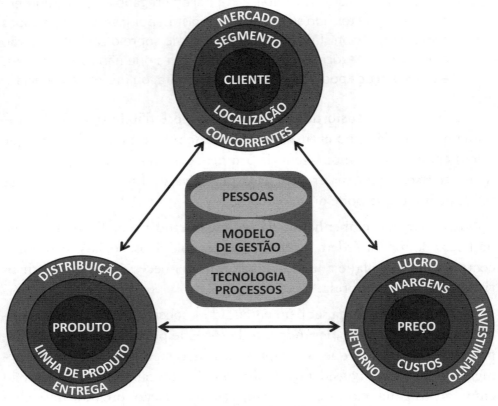

O TRIÂNGULO E SUAS DIMENSÕES INTERNAS

Essas dimensões internas são críticas. Pessoas que foram e estão sendo contratadas. Da recepcionista ao diretor, elas é que interagem com o mundo externo, os clientes, os fornecedores. Elas operam todos os processos/sistemas internos. Estão capacitadas e motivadas com suas tarefas? Entendem o que buscam e atendem bem aos clientes? Dominam os processos de trabalho? Os processos são claros, eficientes, funcionam, do processamento de pedidos até a entrega ao cliente, passando pela programação, compras, estoques, operações, faturamento, recebimentos, pagamentos, contabilidade, etc.? E a gestão funciona? Planos e metas claros, execução eficiente, informações gerenciais inteligentes e precisas, decisões que levam aos resultados buscados?

A vida de quem empreende, como se vê, é realmente dura. Há essa enorme gama de questões com potencial para alavancar (ou minar) o sucesso, além de uma concepção brilhante nos três vértices do triângulo do negócio. Mas, nesta altura, investimentos foram viabilizados, a equipe foi montada. Operações estão implantadas.

Na nossa viagem que se configure, então, mais um empreendimento de impacto, bem-sucedido.

Inovações e excelência: o empreendimento de impacto

Inovações disruptivas: empreendimentos de alto impacto

O empreendimento de impacto de maior repercussão (cria novos contextos de competição e muda dinâmicas de mercado) é o que ocorre com a inovação disruptiva. Via de regra, nesses casos, o negócio é concebido a partir de inovações que reconfiguram por completo o eixo **cliente-produto/serviço** do triângulo do negócio. O cliente passa a dispor de uma solução absolutamente nova, eficaz, eficiente, que agrega valor. Uma solução nunca antes pensada ou viabilizada para determinadas funções e necessidades. Frequentemente resulta em um novo modelo de negócio: na maneira de atender o cliente, nos processos, na geração do fluxo de renda.

A busca da inovação disruptiva, claro, é de maior risco. Pode exigir investimentos significativos. Tomar tempo em pesquisas, testes, projetos-piloto. No entanto, quando acertada e bem recebida tende a levar a taxas geométricas de crescimento do negócio, as gazelas a que já me referi. Os casos desta natureza (embora uma minoria em relação ao volume de empreendimentos) têm ocorrido com frequência e intensidade mundo afora. O que mais impressiona, no entanto, é o enorme espaço de inovações disruptivas sendo agora concretamente trabalhado. Só para lembrar, eis alguns casos e áreas em desenvolvimento, nas palavras de Gollub, na Universidade da Singularidade[4]:

> *"O Uber é apenas uma ferramenta de software, eles não são proprietários de táxis e são agora a maior companhia de táxis do mundo".*

> *"A Airbnb é a maior companhia hoteleira do mundo, embora não sejam proprietários de hotéis".*

E muito mais vem por aí, segundo Gollub. Só para citar alguns casos:

> *Veículos autônomos: nossos filhos e netos jamais precisarão ter uma carteira de habilitação ou ser donos de carros.*

> *Tricorder X: teremos companhias que irão construir um aparelho médico (chamado Tricorder na série Star Trek) que trabalha com seu telefone, faz escaneamento de sua retina, testa sua amostra de sangue e analisa sua respiração (bafômetro), analisa 54 biomarcadores que identificarão praticamente qualquer doença... e vai ser barato ter acesso a (essa) medicina de padrão mundial.*

> *Impressão 3D: todas as maiores fábricas de sapatos começaram a imprimir sapatos 3D... peças de reposição para aviões já são impressas em 3D em aeroportos remotos... e o preço da impressora 3D mais barata caiu de US$1800 para US$400 em 10 anos e nesse mesmo intervalo de tempo tornou-se 100 vezes mais rápida.*

A lista vai longe. Há soluções inovadoras em desenvolvimento para serviços financeiros, mobilidade, agricultura, saúde, educação, longevidade. Inovações que têm origem na criatividade, competência, audácia e determinação de empreendedores, como nos lembra José Carlos Teixeira Moreira, em *Usina de valor*, já citado:

"Não se tem notícia de nenhum produto ou serviço realmente inovador e útil, a ponto de hoje não imaginarmos viver sem ele, que tenha

---

4   Conferência de Udo Gollub na Universidade da Singularidade, em Berlim.

sido criado a pedido expresso de algum cliente. Quase todos os que conhecemos e que se colocaram como marcos em nossas vidas nasceram inspirados por aqueles empreendedores que foram capazes de ouvir e ler tênues sinais emitidos pelos clientes, muito antes de eles próprios perceberem o que queriam." José Carlos faz referência ao poder da inovação no **foco do cliente**, conceito por ele desenvolvido e ao qual retornarei ao discutir no capítulo 9, no tópico: *Uma agenda de discussão sobre a filosofia empresarial* – alguns dos temas fundamentais.

Inovações incrementais

Mesmo nos empreendimentos em negócios convencionais, inovações incrementais podem vir a fazer diferença. Empreendedores inovadores são estrategistas intuitivos. Talvez nunca tenham feito um curso ou lido sobre "estratégia competitiva". O fato é que observando em detalhes concorrentes do setor em que pretendem entrar percebem oportunidades de introduzir inovações que eliminam "pontos fracos" nas práticas de negócios do setor. Também nada impede que, operando há algum tempo em negócio convencional, venham a introduzir inovações. E onde estão as inovações? Em todos os aspectos do triângulo do negócio: produtos/serviços, atendimento aos clientes, processos, etc. A rede de franquia Spoleto (massas), por exemplo, criou a bem-sucedida ideia de que o cliente é o "chef", selecionando no ato o tipo de massa, a carne, os molhos e os ingredientes. Criou todos os processos internos requeridos para operar dessa forma e com sucesso. A primeira loja foi aberta no Rio de Janeiro, em fevereiro de 1999, e atualmente já são mais de 350 lojas Spoleto abertas no Brasil.

O operador logístico TDS-JIT, do qual fui sócio e dirigente, cuidava, entre outras operações, do recebimento, armazenagem e movimentação de peças e componentes do seu cliente, uma fábrica de caminhões. Os componentes e peças do sistema de *powertrain* (motor e câmbio) "passeavam" bastante até que operador propôs assumir diretamente a montagem de motor/câmbio e a sua entrega sequenciada e *just-in-time* na linha de montagem. Já tinha todos os componentes consigo nos estoques sob seu controle. Por que já não entregar o conjunto montado? Posteriormente, e seguindo inovações de âmbito global nos modelos de produção e logística da indústria automobilística, a TDS-JIT entrou em uma *joint venture* que concebeu, projetou e passou a operar um avançado modelo logístico em uma fábrica nova do cliente, o que envolvia dezenas de subconjuntos montados pelo operador e entregues na linha de montagem. Uma arrojada inovação nos modelos de produção até então prevalecentes na indústria.

O espírito de inovação precisa ser disseminado e estimulado. É bom que alcance todos os aspectos do negócio. A inovação pode estar até mesmo no preço e na cobrança. É o que conta Nélio Arantes[5] sobre uma experiência que viveu, na qual o "exercício do preço pago pelo valor percebido foi levado ao extremo".

Em um jantar com a esposa no restaurante *Just Around The Corner*, em Londres, ao examinar o cardápio, Nélio ficou surpreso: não havia preço, nem de pratos, nem de bebidas. A comida estava excelente. Veio a conta solicitada e de novo sem nenhum valor a ser pago, somente uma observação: "Você paga o valor que acha que valeu sua refeição". Nélio foi conversar com o dono. Há 10 anos, ele contou, já tinha esta prática. Feliz da vida. Nunca havia acontecido um não pagamento ou pagamento subestimado. "As pessoas são generosas, sempre pagam a mais", disse o proprietário. É evidente que o dono está convicto – e os clientes concordam – que *Just Around The Corner* prima pela excelência em todos os aspectos do negócio. É o tema que segue, a excelência.

Excelência

Ainda que não inovando notoriamente (melhor que o faça, claro) todos nós conhecemos e gostamos, por exemplo, daquele restaurante que claramente está o tempo todo focado em atender bem. Pode até ser convencional no seu cardápio. Mas busca a perfeição. A equipe trabalha feliz. Atendimento e recepção ao cliente perfeitos. Serviço atento e em um tempo razoável. Agilidade e gentileza na correção de eventuais (raras) falhas. Pratos saborosos, bem elaborados. Bebidas no ponto certo. Até che-

---

5   ARANTES, N. *Empresas válidas*. São Paulo: Évora, 2012.

gar o cafezinho perfeito e a conta, razoável, correta. Convém distinguir, mas, ao mesmo tempo considerar, a complementação entre inovação e excelência.

Inovação não é igual à excelência. Há inovações mal introduzidas que deterioram serviços, produtos e atendimento a clientes. Há casos conhecidos de empreendimentos inovadores, mas que iniciaram suas operações longe, muito longe, do que seria um mínimo aceitável de excelência praticada. Os casos no setor de comércio eletrônico, por exemplo, são conhecidos. Assim, todo e qualquer empreendimento que busca a excelência no que faz está no caminho certo para conquistar um bom posicionamento no negócio. Com inovações inteligentes e bem conduzidas, melhor ainda!

Empreendedores bem-sucedidos pela via da excelência, mesmo em negócios tradicionais, são eles próprios os primeiros a buscar a excelência pessoal. É isso. Criam uma cultura de excelência pelo que fazem – pelo exemplo – e não pelo que dizem. Em *Ciência da excelência*, Vitor Caruso Jr.[6] destaca os padrões de ação e estabelece um método prático na busca da excelência pessoal. As metas estabelecidas (no caso aqui, chegar a um empreendimento de impacto) são decompostas em prioridades e ações em torno desses padrões de ação que levam à excelência: uma **visão inspiradora** (uma definição de propósito que transcende a si mesmo e concebe os benefícios que gerará para as pessoas), a **mente de aprendiz** (o interesse, a humildade, disponibilidade e o empenho em aprender o tempo todo, evitando assim ficar "obsoleto" em variáveis críticas do sucesso), a **capacidade de foco** (manter o foco, em um mundo cada vez mais com apelos dispersivos), uma **equipe harmônica** (alinhar objetivos, saber trabalhar em equipe, somar e respeitar), uma **cultura de disciplina** (fazer o que tem que ser feito no tempo, no prazo, autodisciplina diária) e o **esforço constante** (compromisso, ir em busca de conseguir um "pouco a mais" do que era requerido). Esses diversos atributos têm que ser trabalhados a cada meta que se busca, a cada dia, a cada hora. Espelhe-se nos esportes e nos atletas de alto

---

6   CARUSO JR., V. *Ciência da excelência*. RS: Bodigaya, 2015.

rendimento, campeões que vão a detalhes inacreditáveis em busca de superar suas marcas.

Nem só de *startups* de tecnologia vivem os empreendedores de sucesso

Estava refletindo e escrevendo sobre inovações e empreendimentos quando encontrei o livro *Empreendedorismo criativo*, de autoria da jornalista Mariana Castro. O livro descreve casos de nove empreendimentos inovadores[7]. Mariana selecionou os casos adotando o critério de não incluir *startups* de tecnologia, cuja categoria, por si só, resultaria em outro livro. Achei interessante. Propus – e Mariana prontamente aceitou – uma sessão "entrevistando a jornalista". Aprendi com Mariana que o foco foi colocado em casos de empresas que estão montando novos produtos/serviços ou reinventando-os da maneira que os conhecemos.

No relato sobre a interessante incursão que fez pelos nove empreendimentos, Mariana considera que esses jovens empreendedores brasileiros "estão revolucionando a forma de pensar conhecimento, criatividade e inovação".

Particularmente curioso para mim foi verificar convergências com o que venho aqui propondo. Esses inovadores focalizam todos os ângulos de um negócio, inclusive a operação e gestão. Seus empreendimentos, desde seu primeiro dia, estão comprometidos em contribuir para um mundo melhor, sintonizados com o dilema e desafios do século XXI. Incorporam posturas filosóficas densas e apropriadas na sua conduta na sociedade. Neste sentido, cito um dos casos, o da CRIA, que vive um desafio constante, fruto de sua filosofia de atuação: escolher os projetos em que se envolve apenas "trabalhando com propostas que tragam engajamento e benefícios à sociedade".

Para minha total surpresa, o que argumento sobre desafios e líderes do século XXI na 3ª Etapa da viagem é o que já se encontra na atuação

---

[7] Os nove empreendimentos: Inesplorato, Mesa&Cadeira, Perestroika, Catarse, Webcitizen, Mandalah, CRIA, Box1824 e Flag.

da CRIA. Ideias que têm origem em Graves, Beck e Cowan a que já me referi na Introdução e que inspiraram minha visão sobre líderes para o século XXI no final do livro. Como registra Mariana, a postura de sócios da CRIA passa por coisas do tipo, "o pensamento sustentável na hora de fazer negócios é o entendimento de que aqueles que nascem ou são gerenciados com a (única) intenção de gerar lucros... não serão relevantes no futuro... ou ainda... parte do trabalho da CRIA é provocar e influenciar as pessoas para que entendam que as mudanças são necessárias para um futuro melhor".

Todas essas nove empresas são novas. O que elas têm em comum é que são todas incomuns. São empresas de diferentes portes. Tornar-se-ão empresas de longa vida e de sucesso continuado? Não há como predizer. Mas é a "viagem" que interessa aos empreendedores e a todos nós. Que elas possam viver o sucesso continuado por longo tempo!

Parte 2
A 2ª Etapa da Viagem

DO EMPREENDIMENTO DE IMPACTO A UMA EMPRESA DE SUCESSO CONTINUADO

As linhas gerais da caminhada nesta etapa

É evidente que não existem pontos exatos de "corte" nestas três etapas da viagem que proponho no livro. O que pretendi é tão somente caracterizar o que é típico de determinadas etapas que parecem marcar a vida de uma empresa. No caso dessa 2ª Etapa, trata-se de enfrentar novos desafios para, de um empreendimento que vingou, avançar para uma empresa consistente, forte e de sucesso continuado.

Não há como demarcar exatamente onde termina o primeiro ciclo (o empreendimento de impacto) e inicia-se o segundo. Trata-se de um *continuum*. Ocorre que algumas lacunas de recursos, de equipe, de gestão, entre outras, que são normais em um empreendimento nascente (e resolvidas, nesta fase, mais na "garra" do que na técnica) são agora atropeladas e maximizadas por um crescimento intenso e rápido, típico dos empreendimentos de impacto. Cresce fortemente o volume de vendas com consequente aumento da complexidade das operações. Recursos adicionais de toda a ordem são demandados e este conjunto de circunstâncias tende a resultar em **crises**. Superá-las para não sucumbir é mandatório.

Mas também é fundamental que a empresa as supere tornando-se muito mais consistente e forte na formação e desenvolvimento de equipes, na gestão, na tecnologia, na manutenção do *drive* inovador e na estrutura financeira. Basicamente é do que trato nesta etapa: as crises do crescimento e a busca de soluções. Algumas empresas a partir daí criam condições para o sucesso continuado. Percorro algumas reações equivocadas à crise, que chamei de síndromes perigosas, e a fórmula 2G, Gente e Gestão, que, embora (muito) trabalhosa, vai na direção de uma solução consistente e duradoura.

Encaro esta fase como aquela que, se for o caso, resulta na efetiva transição do empreendedor para empresário. Ou o fortalecimento da convicção de que o negócio dele é criar empreendimentos e eventualmente vendê-los no momento certo, como também ocorre. E daí entrar naquele novo empreendimento que vai "arrebentar"! Ou ainda, agora com uma visão e base empresarial e disponibilidade de capital aplicá-los para gerar novos negócios. Um caso emblemático, que ilustra bem essa evolução, é o do empresário Arri Coser, com quem fui conversar a respeito da transição de um empreendimento de impacto a uma empresa consistente e bem-sucedida. Arri foi um dos pioneiros a introduzir um novo conceito nas chamadas churrascarias rodízio ao trazer para dentro das cidades (inicialmente em Porto Alegre e São Paulo), nos anos 80, as primeiras lojas da nascente rede Fogo de Chão. Até então os rodízios operavam à margem das rodovias, atendendo a caminhoneiros e viajantes que necessitavam parar para comer e descansar. Neste novo conceito na cidade, destacava-se a qualidade no buffet de saladas e frios, nas carnes, no seu preparo e atendimento e a introdução de vinhos bem harmonizados com a carne. Com essas inovações – fortes e questionadas na época – e uma dedicação plena ao que Arri chama de **aprimoramento, atualização** (melhorar a cada dia, a cada momento em todos os aspectos da operação) surge o que chamei de **empreendimento de impacto**, com base em inovações e excelência. Dificuldades e crises tiveram que ser superadas, sem tentar "fórmulas mágicas", mas sim atuando na gestão e na equipe, como também proponho nesta 2ª Etapa da nossa viagem.

A rede cresceu muito, e não só no Brasil. Em 1997, abriu uma primeira loja nos Estados Unidos, em Dallas, no estado do Texas. E, ao ter 100% da rede vendida em 2011, a rede contava com 25 lojas, sendo 18 nos Estados Unidos e 7 no Brasil. Perguntei sobre o que poderia explicar tamanha evolução, inclusive no exterior: "São muitos fatores. Lançar o empreendimento certo na hora certa, no local certo. É o caso da escolha do Texas para a 1ª loja no EUA em 1997, em um tempo de real forte, na era Clinton, de crescimento econômico. Aprovada no Texas, a expansão da rede caminhou para vários estados americanos. Mas não basta acertar em um ousado empreendimento, do ponto de vista de negócio. É necessário aplicar-se o tempo todo ao aprimoramento e atualização. Cercar-se de gente competente e engajada. Atuar fortemente em RH e treinamento. Foco em uma gestão qualificada. Nos processos operacionais e nos sistemas, na organização, no planejamento e controle, na gestão financeira", disse ele.

Deu certo. Tão certo que novos negócios foram lançados no campo da alimentação. Eis o que me diz Arri ao nos despedirmos:

"Veja que curioso. Foram 30 anos para chegar a 18 lojas na primeira rede. E agora já desenvolvemos 18 lojas no Brasil em 3 anos. São as 6 lojas abertas na bandeira NBSteak (outra inovação de conceito do negócio) e 12 lojas na Maremonti Trattoria & Pizza. Apoia e supervisiona a gestão das lojas uma Administração Central com as áreas de Marketing, Recursos Humanos, Jurídico, Finanças. Trata-se agora de um "empreendedor empresarial", isto é, relançando-se em novos negócios no mesmo campo, mas agora apoiado por uma consistente **base empresarial**, buscando manter **gente e gestão competentes** desde o primeiro momento do novo negócio! É muito ilustrativo do que discuto nesta 2ª Etapa da viagem: do empreendimento de impacto a uma empresa de sucesso continuado. Em larga medida decorrente do foco e da ação apropriada em gente e gestão e também da concomitante evolução de empreendedor a empresário, que discuto no tópico final desta 2ª Etapa.

Capítulo 3

O PARADOXO DO SUCESSO: CRISES!

O empreendimento é um sucesso! Crescimento e mais crescimento. E o que ocorre? Crises derivadas desse mesmo crescimento. Grandes volumes a produzir, gargalos de produção, entregas atrasadas, recursos, custos e desembolsos adicionais chegando, em alguns casos as situações são verdadeiramente caóticas.

Drucker assim se refere a essa crise de crescimento: *"O crescimento de uma empresa é uma recompensa por seu êxito e deveria ser motivo de alegria. No entanto, para um enorme número de pequenas e médias empresas o crescimento se transformou num pesadelo. Justamente quando a empresa parece estar pronta para um crescimento rápido e lucrativo, ela perde o controle e fica em uma situação complicadíssima".*

Assisti, acompanhei, vivi situações como estas descritas na frase de Drucker. Provavelmente é uma situação também familiar ao leitor. Empresas (algumas já médias ou grandes) que, a partir de um rápido crescimento, se veem mergulhadas em crises. E, lamentavelmente, algumas não sobrevivem. Desaparecem, fecham as portas, e paradoxalmente justamente em um tempo de sucesso que leva ao crescimento acelerado. Drucker refere-se a três fontes geradoras e intensificadoras dessas crises:

1. **A problemática econômico-financeira:** o crescimento tende a abalar as finanças da empresa. Nesta fase, nem sempre há lucro. Os custos se descontrolam, os preços não acompanham. O crescimento exige inves-

timentos adicionais. O capital de giro requerido cresce. As áreas (produção, suprimentos, logística, vendas, etc.) requerem providências e ações que não têm relação necessariamente com o volume de vendas.

Daí para dinheiro obtido de última hora, com condições adversas – juros, garantias, avais – é um passo. Tudo a requerer atenção redobrada à gestão de fluxo de caixa. Que, ao contrário, por vezes é levada na base da improvisação, em meio as tensões do dia a dia, que só aumentam!

2. **Informações:** À medida em que a empresa cresce e crises de atendimento aos clientes, crises na produção, crises nos fornecimentos aparecem, mais e mais fica claro que as informações nas quais se basear apresentam novas exigências e requerem uma maior qualificação. E aí faltam informações sobre comportamento das vendas, previsões, produção, etc. Num tempo em que se torna crítico um melhor entendimento sobre a formação de resultados financeiros, faltam informações mais adequadas sobre custos, rentabilidade das linhas de produtos, fluxo de caixa, etc.

3. **Equipe dirigente:** Com certa frequência, empresas que se originaram de um empreendimento de alto impacto tendem a achar que não cabe (ou não podem ainda) gastar dinheiro com a formação de uma equipe gerencial profissional. Geralmente, o empreendimento se inicia com ideias e esforços de duas, três pessoas, de um pequeno grupo. Embora se trate de empreendedores criativos, com muita determinação, podem não cobrir, não terem a bagagem necessária para lidar com todos os aspectos de um negócio. Podem ser ótimos na concepção de produtos, na visão do mercado, no acesso aos clientes, mas, de repente, se veem diante de problemas dos quais pouco entendem como, por exemplo: aspectos financeiros, gestão de pessoas, logística. É necessário um corajoso reexame das competências disponíveis *versus* necessárias nas atividades-chave. E sem esquecer que não há muito espaço para errar nas contratações. Dada a restrição de recursos em um período de crise, eventualmente será necessário ir ajustando a equipe com medidas criativas: atuação em tempo parcial, trabalho em regime de consultoria, participação por meio de cotas ou bônus no sucesso do empreendimento, etc. Anos depois uma nova crise pode surgir. Diante do agravamento dos problemas e das inevitáveis tensões internas podem surgir reações mais ou menos apropriadas. Algumas das que considero não apropriadas é o que chamo de síndromes perigosas, a seguir.

Capítulo 4

SÍNDROMES PERIGOSAS

A síndrome do sucesso

Uma outra leitura desta evolução para a crise é bem interessante: é o que José Luís de Santana[1] definiu magistralmente como a "síndrome do sucesso".

Em muitos casos examinados, diz ele, estas empresas "passam por uma sequência muito parecida: sucesso – crescimento – complexidade. Inicialmente liderada por empreendedores com foco nos negócios – oferecendo ao mercado soluções brilhantes – há o sucesso. Esse sucesso conduz ao crescimento rápido e ao consequente incremento de complexidade. Nesta altura, a complexidade exige, no dizer de Santana, que: (1) "os empreendedores evoluam para um próximo estágio tornando-se **empresários**" (eu não teria como concordar mais!) e (2) que a "competência empresarial seja complementada pela competência gerencial, ou seja, pela capacidade de montar e gerenciar uma organização para dar sustentação ao negócio". Ou, nos termos que tenho desenvolvido aqui, juntar um time competente de especialistas e executivos ao(s) empresário(s) e em um modelo de gestão que funcione.

---

1   SANTANA, J. L.; SANTANA, V. R. *As perspectivas do front:* gestão de negócios e organizações em busca do sucesso e da excelência. Rio de Janeiro: Qualitymark, 2012.

O risco, se não superado este desafio de forma sustentável, e se a empresa não quebrar, é ela se "mediocrizar". Ou seja, caminhar para uma estabilidade avessa a riscos, com foco nas questões internas.

Lá pelas tantas é, no dizer de Santana, uma "organização descolada do negócio, formada por feudos e baronatos", cada vez mais burocratizada e com uma atuação gerencial que leva a "fazer muito bem-feita uma coisa que não deveria estar sendo feita".

Subjacente e fortemente responsável por todo este processo, e daí a expressão "síndrome do sucesso", estão as atitudes do(s) próprio(s) empreendedor(es) que criou o negócio. O orgulho pelo que foi construído, justo até, converte-se numa vaidade extremada. E, ironicamente, o "poderoso vaidoso", fruto inicialmente do espírito inovador, tende a se transformar em um agente da não renovação. São dele expressões típicas como "nunca precisamos disso (dessa solução, desse sistema, desse plano, desse executivo, desse etc.) e o sucesso está aí". É a negação da crise com base no sucesso até então.

A síndrome da adrenalina empreendedora onipotente

Da minha observação e envolvimento com muitos casos em que houve esta espécie de "pico de sucesso" em um negócio relativamente novo, observei outra "patologia", que chamo de **síndrome da adrenalina empreendedora onipotente**. Essa síndrome também guarda direta relação com o poderoso vaidoso referido. Só que nesta versão são as novas (excelentes, extraordinárias na visão do empreendedor empresário) oportunidades de negócio que o seduzem. Ele já adora a adrenalina dos novos empreendimentos. Mas não deseja, ou não quer, ou não sabe ponderar esta tríade paradoxal de ideias: a **impotência,** a **potência** e a **onipotência.** Há pessoas que diante de determinado desafio ou de certa oportunidade se sentem impotentes: "não vejo como eu poderia enfrentar isto". Já nesta síndrome, a pessoa vai a outro extremo, "vamos tirar de letra, já fizemos coisas mais difíceis, não interessa que é um empreendimento difícil que se soma a tudo que já estamos fazendo". É a onipotência. "Tudo posso" é o que ele pensa. O que tende a dar certo é usar bem nossa **potência** – aquilo que sabemos e podemos fazer –, claro, evitando os dois extremos. E então a empresa que está lutando para consolidar e ajustar suas operações no Brasil fica sabendo que "vamos iniciar já esta exportação para a Europa, Itália, França e Alemanha. Nesta viagem já estabeleci um acordo com o representante distribuidor". É claro, existem pessoas preocupadas: "Peraí... Como vamos nos meter em exportação... Não entendemos nada... E a produção? Já não estamos dando conta nem das entregas no Brasil e ainda por cima o processo logístico já está em crise aqui". O leitor conhece a provável resposta: "É uma oportunidade única... já vencemos desafios muito maiores, e os resultados deste negócio vão resolver de vez e com sobras as dificuldades financeiras atuais". E eis que a empresa está em um novo negócio, mas agora acaba de surgir outra extraordinária oportunidade... imperdível!

Eis um caso dessa natureza em que estive envolvido: uma empresa com uma ampla diversificação de negócios e alguns deles com desempenho ruim. A situação financeira do grupo já um tanto afetada. O clima, com divergências diversas entre áreas e negócios, já bastante tenso. O presidente – brilhante empreendedor – saía para uma viagem ao exterior. E, com seu carisma e sensibilidade, recomendou a um grupo de executivos-chave uma análise estratégica mais clara. Reunimo-nos várias vezes. Fizemos uma análise cuidadosa. O presidente retorna. Preparamos uma apresentação sucinta propondo a venda/desmobilização de quatro negócios e de um empreendimento em andamento inicial. A capitalização seria muito bem-vinda. E também um novo foco e algumas mudanças na gestão dos negócios principais. E a reação do presidente?

"Olhem, este empreendimento em fase inicial é extraordinário. Muito promissor. Não podemos interrompê-lo. Destes quatro negócios acho que um – o comercial – pode ser vendido. Acho mesmo que nossa vocação maior é industrial mesmo e os outros dois negócios são desta natureza... Mas o que quero trazer mesmo a vocês é uma boa novidade: encontrei na viagem Mr. Brian e encaminhamos um acordo preliminar para uma sociedade 50/50% na seguradora que eles agora querem trazer para o Brasil... É uma oportunidade incrível. Temos que agarrá-la!" E segue-se o diálogo:

- "Mas, presidente, nada sabemos de seguros.
- Ora, se eu fosse pensar que eu não sabia nada antes de iniciar cada negócio que está aí... eu não teria feito nada".

Desnecessário dizer que a crise da empresa se agravou depois de mais algum tempo.

A síndrome da solução-mágica-e-rápida

É natural, em tempos de tensão, a angústia de ver tudo resolvido o quanto antes. É claro que determinados problemas não podem continuar perdurando. Entregas erradas, entregas atrasadas, paralisações da produção, etc. Têm que ser atacados pelo que eu chamo de PAIs – Programas de Ação Imediata, localizados e setoriais. Porém, soluções pontuais e rápidas não podem resolver questões subjacentes, estruturais, no campo da fórmula 2G, Gente e Gestão, de que trato adiante. Aí buscam-se soluções "de fôlego" que tomam tempo, estruturais, de vários alcances. Reações são inevitáveis:

"Mas isso vai demorar muito. Tem um sistema completo recém-lançado que dá para implantar em 2/3 meses." O consultor que nos visitou na semana passada possui um "pacote metodológico que gera um plano de ação de cada área em 30 dias...".

E por aí caminha essa síndrome. Uma mágica possibilitada por um incrível sistema, método, processo, tecnologia, etc., que vai resolver TUDO... rapidamente. Afinal, é urgente. Várias "mágicas" depois, com os problemas agravados, será necessário voltar aos fundamentos da gestão.

Não são raras também, as crises de outras naturezas que ocorrem paralelamente às crises de crescimento e às síndromes comentadas. É o caso de crises societárias. Sócios que começam a divergir sobre decisões duras e difíceis de tomar, sobre a visão de como e para onde caminhar. Por vezes, crises que terminam em divórcios societários. Há também o caso das crises com a equipe principal. Executivos que não concordam com o rumo sendo seguido, equipes técnicas que acham determinadas decisões equivocadas. Eis aí situações relativamente comuns na trajetória dos negócios em desenvolvimento.

Os principais pontos-chave dessa transição para fundamentos sólidos podem ser sintetizados pela fórmula **2G, Gente e Gestão.** Gente, pessoas, a começar pela equipe dirigente que, na feliz expressão de um empresário com quem trabalhei, era assim por ele sintetizada: "precisamos de uma equipe que some 100%". Ou seja, uma equipe que cobre e resolva 100% das questões. E que, por sua vez, cada membro do time dirigente replique a mesma ideia ao compor sua equipe. Essas equipes, para somar 100% e a depender dos desafios típicos de cada área, envolverão perfis de especialistas, empreendedores e executivos, todos competentes.

O empresário que vem de uma recente trajetória bem-sucedida como empreendedor tem que mudar a "qualidade do ouvir" e seus "paradigmas de liderança". A profundidade e a legitimidade que lastreiam a liderança passam a estar na compreensão sistêmica da empresa, aliada ao seu profundo conhecimento, vivência e domínio do negócio. É preciso ouvir e apreender o que dizem diferentes especialistas, executivos e empreendedores. A complexidade agora é de outro patamar. Logo ficará absolutamente claro que não é possível chegar ao **sucesso duradouro** se cada executivo que vier a compor a equipe pretender que a gestão siga o seu modo de pensar, as suas crenças sobre a boa prática gerencial. É fundamental nesta altura que a empresa desenvolva, implante e faça funcionar o **seu** modelo de gestão. Gente e gestão competentes. Um ponto-chave das empresas que pretendem permanecer na trilha do sucesso continuado. Claro: sempre sem perder – ao contrário, potencializando – o foco no negócio, nos atributos que levaram a um negócio de sucesso.

Capítulo 5

A FÓRMULA 2G, PARTE 1: GENTE

Um time 3C

O ponto de partida para um desempenho que busca a excelência é formar um time de pessoas **3C: caráter sólido, comportamento adequado e produtivo e competência na execução da tarefa**. O caráter, diz Sennett[1], "é expresso pela lealdade e compromisso mútuo... diz respeito... aos traços pessoais a que damos valor em nós mesmos, e pelos quais buscamos que os outros nos valorizem". O caráter é uma via de mão dupla entre princípios postos em prática efetivamente na empresa e a pessoa que lá trabalha. Exige transparência e posicionamento claro, de lado a lado. O comportamento tem a ver com o modo como as pessoas expressam suas ideias e sentimentos, enfim, como se conduzem ao trabalhar e buscar soluções com pares, chefes, subordinados, pessoas de outras áreas. O comportamento resulta do que se pensa e sua interação com as emoções e estas são muito mais importantes no trabalho do que se costuma admitir. Goleman[2] introduziu a ideia do QE (Quociente Emocional). Que, em muitas circunstâncias, como sabemos, é tão ou mais importante do que o QI (Quociente de Inteligência). O 3º C, competência, é o conjunto de capacidades, conhecimentos, habilidades e aptidões que se põe a

---

1   SENNETT, R. *A corrosão do caráter.* Rio de Janeiro: Record, 2010.
2   GOLEMAN, D. *Inteligência emocional:* a teoria revolucionária que redefine o que é ser inteligente. Rio de Janeiro: Objetiva, 2012.

serviço da execução da tarefa, do equacionamento de um problema, de uma decisão. Como é evidente, pessoas de elevado nível de competência, mas que vivem a criar problemas nas relações interpessoais, assim como pessoas, ao contrário, de elevado QE, mas pouco competentes, não levarão a bom termo a tarefa. Tampouco resolve ter na sua equipe pessoas competentes e de QE apurado, mas que ao longo do tempo se mostram de caráter duvidoso.

A formação de um time 3C tem que considerar outro ponto crítico no recrutamento, seleção e desenvolvimento das pessoas: o "mix" é variado entre os 3Cs. Algumas pessoas possuem um perfil naturalmente orientado para os aspectos comportamentais, com menor ênfase sobre as competências específicas requeridas. E vice-versa. Outras dispõem de um razoável arsenal de conhecimento e competência técnica e gerencial, mas têm dificuldades no campo do QE. E toda essa multiplicidade de características precisa cobrir os perfis exigidos frente aos desafios que a empresa busca vencer. Surgem dificuldades na constituição da equipe desde o recrutamento e a seleção. É o caso de *startups* inovadoras que têm encontrado dificuldades (e inovado) em busca de pessoas com espírito empreendedor, que trabalhem com bastante autonomia, por projetos, com mudanças frequentes de desafios. No caso, os aspectos comportamentais contam muito. São fundamentais. Em outras tantas situações, o domínio do conhecimento técnico e das competências específicas requeridas pode ser preponderante no perfil do profissional buscado. Admitamos por um instante – o que não é fácil – que chegamos a um time 3C composto só de talentos diferenciados. Temos aí a garantia de chegar a resultados de excelência, vencer todos os desafios, apresentar uma performance muito boa da equipe? A resposta é: **NÃO!** Por mais qualificada e motivada que seja a equipe numa determinada área, o desempenho dependerá de um contexto geral, comportamental e de trabalho na empresa. É do que trato a seguir.

A necessidade de um contexto comportamental saudável para o exercício do talento

Grupos

Pessoas não trabalham isoladas. O trabalho é um processo sociotécnico, isto é, a própria configuração das tarefas necessariamente as colocam atuando com pares, subordinados, chefias do seu próprio grupo primário e de outros grupos. O contexto comportamental no trabalho, em uma visão geral, envolve, portanto, **o comportamento do indivíduo, o grupo, a cultura, o poder e a política** na organização.

"Assim, as atitudes das pessoas vão interferir e referenciar-se a questões sociais, culturais e políticas"[3]. Imagine uma pessoa recém-contratada selecionada pelo que demonstrou de conhecimento, agilidade mental e emocional. Bom de QI e de QE (quociente intelectual e quociente emocional). Mas conseguirá contribuir com todo o seu potencial? A questão é aprender como opera todo este contexto. No grupo em que essa pessoa atua a comunicação flui aberta e direta? A liderança (formal e informal) do grupo é a mesma? É diretiva, distribuidora de tarefas? Ou propõe um resultado a alcançar e confia no grupo? Os membros do grupo relacionam-se bem, cooperam, ou vivem em meio a lutas e divergências?

Os grupos exercem influência sobre cada membro. O simples fato de uma pessoa estar na presença de outras já produz alterações em seu comportamento. Ainda mais importante são os efeitos da dinâmica de grupo na aprendizagem e desenvolvimento das pessoas e da capacitação coletiva. Como nos ensina Senge[4], *"as unidades de aprendizagem em uma organização são os grupos de trabalho – pessoas que precisam umas das outras para chegar a um resultado"*. Os grupos também podem estimular ou, ao contrário, abafar ideias e iniciativas.

---

[3] BIO, S. R. *Desenvolvimento de sistemas contábeis-gerenciais*: um enfoque comportamental e de mudança organizacional. 1987. Tese (Doutorado em Ciências Contábeis) – Faculdade de Economia, Administração e Contabilidade da Universidade de São Paulo.

[4] SENGE, P. *A quinta disciplina*: arte e prática da organização que aprende. 29. ed. Rio de Janeiro: BestSeller, 2013.

Cultura organizacional

E se o nosso suposto recém-admitido de repente ouve do líder do grupo: *a solução que você está propondo pode ser até boa, mas aqui não vai funcionar... confronta a cultura da empresa*. Sim, o sistema próprio de valores, padrões e costumes prevalecentes na empresa – a cultura organizacional – pode não conviver bem com valores implícitos em uma dada proposição.

A cultura organizacional é formada a partir de um conjunto de forças geradoras de valores, entre outras:

- os exemplos de fundadores e seu grupo inicial e de lideranças importantes posteriores;
- pessoas e os valores que trazem de casa e da comunidade;
- a história da empresa, seus eventos marcantes;
- a propriedade que pode ser difusa ou centralizada, privada, estatal;
- exigências, aprovação ou desaprovação por parte dos clientes, sucesso e insucesso no mercado *vis-à-vis*, os concorrentes;
- a tecnologia empregada.

A cultura é um fenômeno amplo e marcante. Acaba por se exteriorizar nos ambientes físicos, na decoração, nos rituais (reuniões, homenagens, premiações, etc.), nos padrões de linguagem e comunicação e, assim, tem grande influência no comportamento de grupos e indivíduos.

Muitos autores propuseram formas e modelos para o mapeamento, a tipificação de culturas. Cameron e Quinn[5] desenvolveram o "modelo de valores conflitantes", valores que competem uns com os outros (*Competing Values Framework*), que sempre me pareceu uma forma muito interessante de "ler" a cultura vigente. Realmente valores competem entre si. Os autores trabalham dois eixos de polaridades para explicar esse fenômeno, produzindo quatro quadrantes.

---

5 CAMERON, K. S.; QUINN, R. E. *Diagnosing and Changing Organizational Culture*: Based on the Competing Values Framework. 3rd ed. San Francisco, CA: Jossey Bass, 2011.

O eixo vertical abriga valores relacionados à **flexibilidade** e na ponta de baixo aqueles relacionados a **foco**, **controle**. Claro, quanto mais **flexibilidade**, maior dificuldade no **foco e controle** e vice-versa.

No eixo horizontal, os valores competem entre as questões do **mundo interno e externo** da empresa. Um diretor dizendo em um dia, "vocês ficam mergulhados nestes procedimentos internos do projeto, e o concorrente lá fora já saiu com as inovações" e, algum tempo depois, quem sabe dizendo: "não podemos descuidar tanto dos processos internos e do treinamento, viver obcecados em entender o que se passa com o concorrente".

Vejo isto não como "desatenção" do diretor, mas como dilemas inerentes aos negócios e à atuação da empresa. Em um determinado momento é fundamental olhar para fora, em outro é crítico cuidar de questões internas. Esses eixos de valores em competição resultam em quatro quadrantes de valores:

	FLEXIBILIDADE	
CLÃ		**ADHOCRACIA**
• Família • Mentoria, facilitação, apoio • Trabalho em equipe • Consenso • Participação • Desenvolvimento humano • Confiança, lealdade	FOCO INTERNO ←→ FOCO EXTERNO	• Atitude empreendedora • Tomada de riscos • Inovação • Liberdade, originalidade • Compromisso com desenvolvimento de inovações • Produtos e serviços únicos
HIERARQUIA		**MERCADO / RACIONAL**
• Estrutura / Controle • Orientação à organização, coordenação e eficiência • Segurança / minimização de riscos • Previsibilidade • Regras, políticas e procedimentos formais		• Competição • Agressividade • Orientada para resultados • Realizações. Atingimento de metas • Ações vencedoras • Superação dos concorrentes
	ESTABILIDADE / CONTROLE	

DIMENSÕES CENTRAIS DA ESTRUTURA DE VALORES QUE COMPETEM

O eixo vertical diferencia uma orientação voltada para flexibilidade e dinamismo de uma orientação voltada para a ordem, estabilidade, controle. O eixo horizontal destaca, de um lado, a orientação para capacidades internas e integridade dos processos e, de outro, a orientação e o foco nas oportunidades e para vencer os desafios da competição. É claro: ao longo da história, determinadas empresas viram seu sucesso como decorrência de maior ênfase e orientação de valores nesta ou naquela dimensão dos quadrantes. O leitor identificará estes exemplos, mas somente a título ilustrativo é bem provável que órgãos de governo cultivem valores predominantes em **hierarquia/controle** (observância de regras, normas, hierarquia) e **clã** (atenção às pessoas, direitos, grupos e comissões) enquanto que, por exemplo, empresas recentes da internet estejam mais conectadas aos valores dos quadrantes à direita: **adhocracia**, criação (novas soluções, inovação, projetos *ad hoc*, criatividade, etc.) e **mercado/competição** (inovar mais, sair com a surpresa, surpreender competidores, encantar clientes, foco em resultados, premiação pelo resultado).

A questão é que, sendo esses conjuntos de valores percebidos como conflitantes entre si, não raro produzem estereótipos, por exemplo, do tipo um "criador" fervoroso que chama de "burocrata insensível" uma pessoa de outra área que lhe diz que aquilo só pode ser feito mediante a aprovação de um diretor. E, diferentemente do que pareceria à primeira vista, a prevalência quase absoluta de um determinado quadrante de valores ao invés de levar ao sucesso, produz, isto sim, uma cultura disfuncional. Em algum tempo, em algum momento futuro, o desprezo e a desconsideração total de valores, por exemplo, relativos a controle, podem produzir crises e situações caóticas.

Empresas de sucesso continuado não vivem como adolescentes do tipo **ou... ou...**, ou somos inovadores e tomamos iniciativas ousadas, ou ficamos presos à hierarquia e à burocracia, **ou** nos focamos nos resultados, **ou** vamos ficar atentos ao que as pessoas sentem. E por aí vai.

A cultura forte e vencedora é do tipo **e... e**. Somos inovadores ousados **e** observamos os procedimentos necessários, buscamos resultados **e** procuramos ver como as pessoas estão no projeto. Trata-se da arte de mesclar valores potencialmente contraditórios na "dosagem" correta, convivendo em um todo.

A cultura, seja de um país, de uma região ou de uma organização, influencia amplamente a conduta das pessoas que lá vivem. Não deveríamos – embora todos nós façamos isto – julgar que determinados valores de uma outra cultura diferente da nossa sejam "errados". Não há certo, nem errado. O que há são diferenças culturais. Exemplos chocantes são comuns: pratos à base de insetos, chocantes para nós, considerados iguarias em determinados países. Ou ainda traições conjugais passíveis de resultar em crimes passionais em um país enquanto há países que aceitam e vivem normalmente a poligamia.

Quando o modelo trata aqui de uma "disfuncionalidade", refere-se a um quadrante praticamente **absorvendo** todos os demais. Um único sistema de valores, ou quase, é o que permanece. O que acontece é que determinadas habilidades para lidar com determinados desafios podem estar sendo sufocadas. Cada quadrante, por assim dizer, estimula, aprova, valida iniciativas e comportamentos, estilos gerenciais que podem ser importantes diante de determinados cenários ou desafios.

E a própria sociedade/comunidade de onde provêm os colaboradores já induz a certas preferências culturais. Nós brasileiros, só para citar um aspecto valorativo, somos de uma cultura relacional (forte peso nas relações) enquanto os anglo-saxões crescem e vivem em uma cultura individualista (responsabilidade, autonomia individual).

Em um episódio muito crítico, que vivi em conjunto com executivos norte-americanos, o que lhes parecia ser uma situação caótica, sem responsabilização clara por eventos e resultados, foi exatamente o que nos salvou. Explico: tínhamos 45 dias para colocar em andamento uma operação logística complexa (exportação de peças e subconjuntos automotivos para vários países). Nesse prazo exíguo, entre outros tantos eventos, cerca de 200 pessoas deveriam estar selecionadas e treinadas, os processos instalados, todos os equipamentos (dezenas deles, entre máquinas, instalações de armazenagem, empilhadeiras, sistemas e recursos de TI) operando, etc. No auge da tensão e da pressão aconteceram as seguintes situações: o gerente de RH cuidava das empilhadeiras a serem entregues e o gerente de TI estava envolvido na montagem do refeitório. E isto era tratado nas reuniões de avaliação diária do andamento do cronograma, o que causava estranheza aos executivos norte-americanos; "mas o que tem o RH a ver com empilhadeiras"? Ocorre que nesta altura, no prazo absurdamente desafiador dos 45 dias, o que estava operando, **para além das responsabilidades cronogramadas**, eram relações e compromissos de pessoas com pessoas e uma cooperação muito além de um contrato de fornecimento. O gerente de RH e o gerente de TI mantinham excelentes relações e obtiveram compromissos diretos das pessoas da direção dos respectivos fornecedores quanto aos prazos de entrega. A operação foi iniciada na data marcada. E, ao fim deste dia, o principal executivo do nosso sócio, um canadense, disse-me: "Não sei como vocês conseguiram isto. Desde o início, pelas nossas avaliações e pelo planejamento e execução de operações similares, achávamos impossível implantar uma operação deste tipo em menos de 90 dias, o dobro dos 45." Não disse, mas pensei: "se tivéssemos seguido o Manual de Organização...".

Esta pequena história significa que a nossa flexibilidade brasileira dispensa planos e responsabilidades claras? É claro que não. As habilidades de planejar e organizar bem, cada qual assumindo e desincumbindo-se de suas responsabilidades, são condições básicas em projetos bem-sucedidos. Também precisamos cultivá-las. Ouvi, mais de uma vez, críticas em multinacionais no Brasil, "este pessoal da Matriz não entende como atuamos!". Agora, com algumas multinacionais brasileiras ganhando certa projeção em diversos países, as mesmas queixas poderão ocorrer em relação a "este pessoal da Matriz no Brasil". Até espero, de forma meio otimista, que a nossa propalada flexibilidade de interagir e de se relacionar, própria de nossa cultura, facilite nossa atuação extrafronteiras. Mas com muito cuidado com os "jeitinhos".

Poder e Política

Há ainda a considerar a dimensão política. Nosso suposto recém-contratado poderia também ficar sabendo que "olha, a ideia até que é boa, mas o diretor fulano não concorda de jeito nenhum e isto atinge a área mais influente da alta direção. Esqueça". E provavelmente esqueceria mesmo.

A questão do comportamento político é natural e inerente à conduta humana. Se temos determinada convicção sobre "o que seria melhor" e outros discordam, o poder relativo de cada um passa a ponderar na situação. E assim é natural que se procure conseguir mais informações a respeito, que se arregimente apoio, que se mobilize recursos – enfim, fortalecer a posição que defendemos – para melhor negociar e assim viabilizar aquilo que se considera o melhor para a empresa e seus *shareholders* e *stakeholders*. Mas, em uma política com P maiúsculo, o que se estimula é que tudo ocorra em um ambiente de argumentação clara e aberta e não nos corredores ou no cafezinho, muito menos utilizando condutas reprováveis. E que as posições tenham em vista o que se considera o melhor para a instituição e não numa visão restrita a interesses menores.

Um breve retorno: o desempenho do time 3C

Quero retornar, brevemente, à questão colocada: um time 3C talentoso, por si só, garante uma performance boa? Claro está, nesta altura, que qualquer pessoa, qualquer equipe específica de uma área, atua no contexto criado pelas variáveis do comportamento organizacional: os grupos, a cultura organizacional e o processo político. Esses elementos – que se interinfluenciam mutuamente – geram todo um contexto, um clima, que pode ser positivo, favorável ou negativo, desfavorável, para o desempenho das pessoas e do time, por mais talentosos que sejam. Não é tão incomum a ocorrência de verdadeiras batalhas entre uma área recém-criada para lidar com novos temas ou novas abordagens, formada com critérios acertados – um time 3C –, com os grupos de outras áreas, vividos na cultura e no processo político. Foi o que ocorreu em um negócio recém-criado que acompanhei de perto. O lançamento de um produto inovador não conseguia decolar em termos de vendas. Um executivo de marketing brilhante e sua equipe conceberam um plano criativo e que viria resolver o problema por lidar diretamente com o preconceito com que a inovação foi recebida no mercado. Mas tomaria alguns meses. O time de vendas de longa atuação na empresa moveu verdadeira batalha contra "esse plano cheio de firulas". Em termos de cultura não se pode dizer o que é certo, o que é errado. Os valores cultivados pela equipe de vendas centravam-se na batalha de campo, nos campeões de vendas e seus argumentos poderosos, etc. Por fim, o plano de marketing foi levado adiante. Houve apoio à sua continuidade e resultados relevantes foram produzidos. Mas é de se perguntar quando e como será possível um alto nível de performance de uma equipe 3C nesse contexto de conflitos entre subculturas e suas repercussões políticas?

É preciso tratar de operar em um contexto cultural e político saudável. Não tem sentido desperdiçar talentos humanos, ficando ambas as partes frustradas por não verem resultados e significado na sua atuação.

Capítulo 6

A FÓRMULA 2G, PARTE 2: GESTÃO

Crescimento, complexidade e o modelo de gestão

O pano de fundo das crises abordadas é o crescimento acelerado e a maior complexidade com concomitantes deficiências na equipe e na gestão. Faltam pessoas que tragam determinadas competências críticas para lidar com desafios em certas áreas. Falta um modelo de gestão que oriente os focos de atenção, as ênfases, os processos decisórios, enfim, o comportamento esperado por parte dos gestores. Cada um dos gestores trouxe para a empresa suas convicções sobre a gestão, uns defendendo, por exemplo, a centralização, outros, a descentralização de decisões e maior foco no ambiente externo, e outros, foco na organização interna. Uns dizendo que o problema está na falta de clareza de resultados a buscar, outros defendendo a melhoria dos processos para buscá-los e por aí vai. Isto tende a produzir mais ruídos e atritos do que soluções. Um modelo (do latim *modus*) significa algo que merece ser seguido, algo que vale a pena ser adotado como referência de conduta. Ao se referir à gestão, esse modelo trata de estabelecer o conteúdo e a articulação/integração de conceitos e processos gerenciais adotados (planejamento, organização, processos, informação, controle, etc.) fundamentais para atingir os objetivos pretendidos.

Instalada a crise do crescimento, com lacunas nas competências disponíveis e **sem um referencial comum e articulado de gestão**, as dificuldades para solucioná-la podem ser bastante agravadas.

O desenvolvimento ou aperfeiçoamento desse referencial comum – um modelo de gestão – é o tópico tratado a seguir.

Componentes do modelo e sua integração

O propósito aqui é o de um rápido "sobrevoo" sobre módulos, funções e processos comuns à gestão de quaisquer tipos de entidades. Detalhar todas as matérias de gestão envolvidas exigiria dezenas de livros. Além de fugir completamente ao escopo deste trabalho, seria possivelmente uma cansativa rememoração do repertório de conhecimento e experiência do prezado leitor. O que também busco nessa síntese é chamar a atenção para um aspecto que considero um requisito fundamental em um modelo de gestão que se pretende coerente e efetivo: a articulação e integração entre os seus módulos e processos componentes. Nesse sentido, procuro ir mostrando graficamente essas interações (e integração entre elas) a cada módulo discutido, "montando" ao final uma representação gráfica de um modelo de gestão como um todo integrado.

Resultados empresariais desejados (REDs)

De forma mais ou menos explicitada, com definição de cada RED e as suas métricas ou não, as empresas enfatizam determinados resultados a alcançar. Até porque, no limite, se determinados resultados não são atingidos, a própria empresa não subsiste.

Empresas de ponta na gestão, via de regra, têm uma visão clara, em uma base constante, dos resultados empresariais que perseguem. Estabelecem campos de resultados mais relevantes no negócio, por exemplo: marketing/vendas, operações, tecnologia, inovação, pessoas, financeiro, gestão. Em cada campo, caracterizam os resultados específicos, definem o que significa cada um deles e que métrica será utilizada para sua avaliação. Por exemplo, no campo marketing/vendas, podem conceituar como resultados específicos: volume de vendas, participação no mercado, inovação em produtos, clientes satisfeitos. Cada um destes resultados empresariais desejados (REDs) é definido e os critérios de como medi-los são estabelecidos. Assim, no exemplo, decompondo-se cada campo em três ou quatro REDs, o Modelo de Gestão adotará cerca de 18/28 REDs que servirão para balizar os planos, programas e ações, e avaliar sistematicamente os resultados que estão sendo (ou não) alcançados.

O que tem acontecido com este tema na gestão? Bem, algumas empresas continuam com a ênfase obsessiva e "curto-prazista" em um campo de resultado único, o financeiro: lucro, retorno e geração de caixa é o que interessa! É evidente que isto é importante, mas essa ênfase unipolarizada tem se mostrado problemática. Alcançar tais resultados trimestre a trimestre pode levar a perdas de posição no mercado, cancelamento de projetos vitais e inovação, *turnover* gerencial por questão de custo e, assim, produzir resultados adversos ao longo do tempo. Os REDs têm que ser vistos de forma abrangente, o que significa considerar cuidadosamente as inevitáveis **contradições entre eles ao longo do tempo.** Não dá para custear inovações, reformar equipamentos, contratar e preparar gestores para novas áreas, reforçar planos de incentivo, investir em posicionamento de mercado e "desaparecer" com as correspondentes despesas a fim de maximizar o lucro do trimestre. É aqui que o moderno CFO[1] vem se tornando uma espécie de copresidente em muitas organizações, profundamente envolvido em contribuir para o acerto das estratégias em questões como investimentos e recursos, alocação de capital, estrutura de financiamento, etc. Não agem simplesmente como "cortadores" de custos e de investimentos, focados no resultado trimestral.

---

1 **Chief Financial Officer** – principal executivo de Finanças.

Planejamento

RESULTADOS EMPRESARIAIS DESEJADOS

- PLANEJAMENTO
  - ESTRATÉGICO
  - OPERACIONAL
  - ORÇAMENTÁRIO

Empresas de boas práticas de gestão criam um processo coordenado de planejamento. O plano estratégico, os de operações e orçamentários são articulados entre si, e daí "deduzidos" objetivos e programas para cada campo de resultado e para cada RED. Os objetivos estabelecidos nos planos estratégicos e operacionais são "balizados" pelos REDs e materializam o que neles se pretende alcançar.

Na visão integrada do Modelo, os planos – aqui entendidos como um reflexo da capacidade e da criatividade de "desenhar" um futuro desejado – derivam e materializam o que será feito no âmbito de cada RED.

O planejamento estratégico cobre períodos de médio/longo prazo (3/5 ou mais anos). A partir do desenho de cenários e análise do ambiente econômico, tecnológico, político e concorrencial, das ameaças e oportunidades que nele se vislumbram e dos pontos fortes e fracos da organização são definidos/revistos a visão, missão, princípios, crenças e valores, a estratégia competitiva, os objetivos e programas estratégicos e os ajustes requeridos na gestão, nas equipes para fazê-los acontecer. O termo "estratégia" é central para a compreensão desse plano. Esse termo vem do grego (*stratēgía*). Na área militar, significa o plano que indica os movimentos e manobras que as Forças Armadas pretendem fazer com o objetivo de vencer o combate. A estratégia, analogamente, visa criar vantagens competitivas em relação aos concorrentes, sejam elas vantagens quanto aos produtos, aos serviços, a preços, etc. O fundamental é que sejam percebidas como efetivas pelos clientes/mercados e geradoras de valor. Ou seja, que signifiquem um plano focado em ampliar as forças que levam ao sucesso do negócio, de um lado, e, de outro, a minimização ou eliminação de pontos fracos.

O planejamento das operações, balizado pelo plano estratégico cuida, então, da definição e articulação dos objetivos operacionais (vendas, produção, suprimento, finanças, etc.). Daí decorre o planejamento orçamentário anual. E, quando o orçamento não é tratado como uma mera peça formal, burocrática, ele é "rodado" para várias alternativas, interagindo com as opções quanto aos objetivos operacionais, usando modelos simplificados e ágeis de simulação. Um dos grandes desafios, e que pode levar a distorções perigosas no planejamento das operações, é a gestão da demanda. A questão é: como balancear volumes que virão a ser demandados pelos clientes às capacidades da cadeia de suprimento? Daí a importância de um processo que propicie o alinhamento proativo entre a demanda e o suprimento dos recursos, e que assim possibilite a execução dos planos minimizando os desvios. É claro que em um ambiente econômico volátil, instável, isto se torna ainda mais complexo. A evolução nos instrumentos de gestão da cadeia de suprimentos tem possibilitado o ágil compartilhamento de informações (inventários, previsão de demanda, promoções de vendas, lançamento de produtos, etc.) entre membros da cadeia. E, especialmente, no caso de produtos inovadores, lidar com a incerteza da demanda, como sabemos, não é fácil. No âmbito interno, práticas como o S&OP (*Sales and Operations Plan*) através de um comitê que faz juntar as áreas de vendas, produção, suprimentos e finanças que busca formular, integrar e acompanhar sistematicamente o andamento dos planos aos ajustes requeridos não são novidade. Mas muitas empresas precisam melhorar esse processo do S&OP. Reuniões programadas e "*ad hoc*" bem preparadas e conduzidas. Informações de cada área disponíveis. Informação disseminada. Comprometimento de todos com as decisões.

Execução dos planos, sistema de informação gerencial, avaliação de resultados e controle

Planos estratégicos e operacionais, criativos, inovadores, bem articulados e detalhados até chegar a "programas de ação" aos cuidados das pessoas certas são a base para a execução. Mas esta requer muita atenção. Planos, às vezes brilhantes, com frequência não saem do papel ou chegam a resultados muito abaixo do que se previa. Há que se atuar com muita competência e determinação na execução dos planos. E **acompanhar a**

execução, corrigir desvios, avaliar os resultados. Continuaremos nosso "passeio" pelo Modelo de Gestão examinando esses componentes em seguida, conforme agora mostrados no gráfico que está sendo montado.

Nos dois tópicos anteriores tratamos dos resultados empresariais desejados (REDs) e do planejamento. Estes dois módulos nos levam aos planos – estratégicos, operacionais e orçamentários – que podem vir a conduzir os esforços aos resultados empresariais buscados. Podem vir a conduzir, **não há nenhuma certeza prévia de que conduzirão**! Entra em jogo todo o trabalho de execução e o acompanhamento/avaliação de resultados. Ver se os líderes e as pessoas responsáveis conseguem executar bem o que foi planejado. E ajustar o que for necessário na execução, ou, caso necessário, revisar os próprios planos. Mudanças nos cenários e condições que configuraram premissas dos planos podem exigir esses ajustes. A execução tem que estar sob acompanhamento constante, tanto nos objetivos e programas estratégicos, quanto nas metas e programas operacionais e orçamentários. Os resultados empresariais projetados e os que estão sendo alcançados igualmente estão na pauta dos rituais e reuniões de avaliação de resultados e controle dos planos.

REDs – Planejamento, Execução e Avaliação – pressupõem um sistema de informação gerencial absolutamente "sintonizado" com cada um destes processos, que focalize objetivamente, de forma sintética, e disponibilize a tempo e no momento certo as informações relevantes para o acompanhamento da execução, avaliação dos resultados e controle sobre os planos.

Planos, Execução, Avaliação e Ajustes são processos absolutamente interligados e interdependentes. A **execução** é crítica, mas de que serviria executar bem um plano ruim? Ou vice-versa: de que serve um plano brilhante, mas que na execução falhou redondamente? E, ademais, nem planos, nem execução são eficazmente sustentados sem acompanhamento, avaliação e ajustes corretos e oportunos. São processos totalmente dependentes uns dos outros. A execução de fato começa a poder andar bem já no planejamento. Planos bem desenvolvidos não terminam em enunciados brilhantes. Por exemplo: a estratégia competitiva, na sua essência, basicamente objetiva conquistar a preferência do cliente, estabelecer uma vantagem competitiva que seja sustentável, com rentabilidade e retorno sobre o investimento. Digamos que você conseguiu sintetizá-la brilhantemente em umas poucas frases e que todos a entendem e "compram" a ideia. Você mostra, por exemplo, por que e como seus produtos vão deixar de ser vistos como "commodities" através de uma diferenciação tecnológica com reconhecido valor agregado e que possibilitará melhores preços e margens. Demonstra também porque concorrentes teriam muita dificuldade de caminhar na mesma direção. Ótimo! Só que para a **execução fazer acontecer** essa estratégia o plano terá que:

- Estabelecer **objetivos específicos** a alcançar e respectivos **programas de ação**. No exemplo, terão que ser desenvolvidas as soluções tecnológicas, os projetos dos produtos renovados, os processos de fabricação a ajustar, o suprimento de componentes, os custos, etc. Definir prioridades, o que disso tudo vem no 1º ano, no 2º ano. Quais linhas de produtos serão lançadas e quando?

- Designar pessoas, o líder destas ações e os demais que vão atuar na execução.

Há um encadeamento dos planos, já que essa estratégia, por sua vez, atende à missão, valores e está focada nos REDs. Digamos, então, que o engenheiro Pedro, líder do Programa de Ação relativo aos projetos de produtos, tem em mira o objetivo e o cronograma específico, mas precisa entender perfeitamente o sentido da estratégia que exige esse programa. Uma visão de conjunto desta articulação dos planos mostra o que se espera que a estratégia adotada produza nos REDs a que ela se refere (volume de vendas, *share* de mercado, rentabilidade, etc.), os programas de ação (sequência de atividades, responsáveis e prazos). O mesmo tipo de raciocínio se aplica ao plano de operações que, observadas as implicações da estratégia, vai estabelecer os objetivos do período, as ações, os orçamentos e os responsáveis.

A base para a execução está aí: **ações concretas programadas, com responsáveis qualificados designados para ir buscar objetivos específicos** que, materializados em seu conjunto, viabilizarão estratégias e resultados empresariais. Estranhamente, há muito pouca ênfase na **execução**. Há muito conhecimento acumulado e disseminado sobre estratégia empresarial, planejamento de operações, orçamentos. Mas pouco se fala da execução. Parece que o "chique" é o pensar estratégico: as pessoas mais valorizadas e consideradas brilhantes são as que raciocinam e se expressam bem, que conseguem articular visões e estratégias brilhantes. É como se executar fosse menos "importante", algo que o "pessoal" será designado para fazer. O fato é que parte relevante dos problemas com o sucesso da estratégia e com os planos em geral está na execução. A execução precisa ser acompanhada e avaliada sistematicamente pelo líder responsável por cada objetivo/programa estratégico, por cada meta/programa operacional e respectivos orçamentos envolvidos. Os números, índices e indicadores agregados que mensuram os REDs devem ser monitorados. As boas práticas gerenciais de todas as equipes levarão o líder de um programa a examinar o andamento do mesmo, digamos, semanalmente. Reuniões quinzenais/mensais tratarão da visão de conjunto do plano de operações em que o comitê do S&OP examina especificamente o andamento e os ajustes requeridos na operação. Igualmente, reuniões e rituais específicos tratarão de verificar o andamento dos objetivos e programas estratégicos que foram priorizados (sim, não dá para fazer tudo ao mesmo tempo) para pôr em prática a estratégia competitiva.

Todo esse processo de avaliação e controle não é, como ocorre com certa frequência, a busca dos "culpados" por eventuais desvios. Antes, pelo contrário, trata-se de aprender coletivamente no que se pode melhorar, buscando as correções e ajustes que garantam o máximo de acerto.

O processo de acompanhamento dos planos, ajustes e avaliação dos resultados é fortemente dependente de informações. O modelo de gestão, os resultados a medir, os processos de decisão envolvidos no ciclo planejamento/execução/controle é que devem "conceituar" as informações a serem produzidas pelo sistema de informação gerencial. Por exemplo: os planos são estabelecidos por unidades de negócio/linhas de produtos? Colocam metas e programas de participação no mercado, volumes de vendas e margens de contribuição por linhas de produto? Como vão ser acompanhados os programas de ação? O conjunto dos desempenhos é medido em indicadores agregados no respectivo RED? Aí estão os conceitos/critérios que vão pautar as informações requeridas, seu conteúdo, grau de detalhe, frequência, etc. O que importa é a informação de qualidade para a gestão, para o planejamento e avaliação. Como exponho em outro livro[2], informações que sejam (1) **comparativas** (planejado X real, por exemplo), (2) **confiáveis** (informações distorcidas podem levar a decisões absurdas), (3) **em tempo hábil** (enquanto dá para atuar e corrigir desvios), (4) **em um nível de detalhe adequado** (do que o gestor precisa medir) e (5) **por exceção** (ressaltando o relevante). Em essência: é preciso – ao contrário do que muitas vezes acontece – um sistema de informação que "fale" a mesma linguagem do Modelo de Gestão.

O núcleo do Modelo: pessoas, processos e sistemas, estrutura

O núcleo do Modelo opera o dia a dia do negócio: são as **pessoas**, segundo suas responsabilidades na **estrutura organizacional**, operando **processos e sistemas** para a execução das tarefas.

---

[2] BIO, S. R. *Sistemas de informação:* um enfoque gerencial. 2. ed. São Paulo: Atlas, 2008. Com a colaboração do Prof. Edgard B. Cornachione Jr., da FEA-USP.

Antes de um breve olhar sobre esses três elementos – pessoas, processos e estrutura –, permitam-me relatar um breve caso.

Como venho argumentando, uma qualidade essencial de um modelo de gestão eficaz é a **integração**, conceitual e metodológica, entre seus módulos. Em uma empresa siderúrgica, onde atuei como consultor, houve um caso emblemático que ilustra a questão. Na reunião mensal de avaliação, o diretor comercial mostrou indicadores positivos de evolução das vendas. Em seguida, o diretor de produção abordou a melhoria havida nos indicadores de produtividade e o diretor de recursos humanos enfatizou a evolução positiva dos índices de absenteísmo, *turnover* e assim seguia a reunião de boas-novas setoriais, quando o presidente interrompeu dizendo: "As vendas estão bem, a produção tem melhorado, o RH está uma maravilha, só que como o Francisco (diretor financeiro) vai mostrar em seguida, o prejuízo acumulado até esse mês de outubro está próximo de 500 milhões de reais".

O que está ocorrendo aí? Cada diretor persegue resultados específicos que ele elegeu (possivelmente os que têm indicadores favoráveis) e os planos para melhorias setoriais são independentes e não "fecham" com os resultados empresariais agregados, como é o caso do econômico-financeiro. É como se cada diretor tivesse um "modelo de gestão" para chamar de seu. É preciso conceber e operacionalizar um modelo de gestão integrado: resultados empresariais desejados são detalhados nos planos estratégicos e operacionais, segundo responsabilidades claras pelos resultados, os sistemas de informação e controle geram informações coerentes com as mensurações adotadas para medir os resultados e assim por diante. Se assim não for, como vimos, o risco é o de cada uma das áreas estar indo "muito bem" e a companhia muito mal. Eis porque, como vemos na representação gráfica do modelo, todos os módulos aparecem inter-relacionados, sugerindo uma total integração.

Retornemos, então, aos três componentes do núcleo do Modelo.

Até agora, nesta breve caminhada pelo Modelo de Gestão, estive a falar de resultados, planos, execução e acompanhamento/avaliação. Mas e a operação efetiva?

Quando entramos em contato com uma empresa, quando queremos comprar ou vender algo, ou solicitar um serviço, somos atendidos pelas **pessoas** que lá trabalham, em um determinado **setor ou departamento** que trata do assunto que nos levou até lá.

A pessoa que nos atende – digamos que fomos retirar um produto – aciona o sistema de faturamento e expedição em um terminal, uma ordem de expedição vai ao setor de entregas, e este dispara um **processo** que trata de embalar, movimentar e entregar o produto. Entrega feita, o sistema de controle de estoques é atualizado. Este é o núcleo do Modelo de Gestão: **pessoas, processos e sistemas**, **estrutura organizacional**.

Como sabemos, nesta ida a essa suposta empresa, seremos muito bem (ou mal, ou pessimamente) atendidos, de forma rápida ou demorada, de forma correta ou com vários erros, a depender exatamente deste "tripé": 1) a competência na tarefa e o comportamento das **pessoas,** 2) a racionalidade, a confiabilidade e a qualidade dos processos e **sistemas operacionais** e 3) a clareza e a agilidade e correção decisória e de coordenação possibilitada pela **estrutura organizacional.**

Tratarei a seguir neste breve olhar sobre o Modelo de Gestão desses três componentes.

Pessoas

Na figura, o tema "Pessoas" aparece como parte do núcleo do Modelo somente para fins didáticos, facilitando a compreensão de que pessoas-processos-estrutura operam o dia a dia do negócio. As pessoas, como é óbvio, atuam em todos os módulos do Modelo de Gestão que estamos a examinar. A própria empresa, desde sua origem, é uma construção humana. Pessoas idealizaram, projetaram e fizeram funcionar o negócio, a operação, a gestão. Tendo em mente o que discutimos no tópico anterior, a **fórmula 2G, parte 1: Gente**, aqui trata-se de uma sinergia virtuosa: o Modelo de Gestão, pelos princípios que segue, estimula e gera equipes 3C atuando em um contexto cultural e político saudável e equipes 3C operam processos e todos os demais módulos do Modelo de Gestão competentemente.

Como acabamos de ver, o dia a dia de qualquer empresa é totalmente dependente de processos e dos sistemas que os suportam em todas as áreas: vendas, produção, logística, finanças, etc. Processos e sistemas se "entrelaçam" para cumprir com as tarefas, como ilustra a figura, retratando uma simples entrega de material para armazenagem temporária e posterior utilização:

CAPÍTULO 6 — A FÓRMULA 2G, PARTE 2... 75

Recepção
- Verificação do pedido
- Cadastro no WMS (*)
- Motorista e veículo

(*) Warehouse Management System

Gate
- Entrada no WMS
- Dados das NFs

Recebimento
- Descarga
- Conferência física
- Comparação físico *versus* documental
- Confirmação do recebimento
- Endereçamento no armazém

Armazenagem
- Alocação dos materiais
- Guarda temporária
- Entrega

PROCESSOS NO RECEBIMENTO E ARMAZENAGEM DE MATERIAIS

Eis, portanto, a base, a qualidade e a confiabilidade do dia a dia das operações: processos e sistemas eficientes e robustos operados por equipes que os conheçam e que queiram atingir a excelência. Alguns princípios e práticas da gestão com foco nos processos, de grande valor prático são:

Abordagem na concepção dos processos: entender o cliente do processo e seus requisitos e necessidades. Observância dos princípios de qualidade:

- concepção de processos *lean*[3]. Correções de falhas, melhorias, inovação diária e sistemática por parte da própria equipe envolvida, tipo Kaizen[4];

- tratamento adequado na concepção de inovações e de novos processos de certo porte: projetos com estrutura matricial, objetivos especificados, equipe com as competências requeridas e com envolvimento da área responsável;

- suporte efetivo, integrado ao processo, ágil e eficiente, por parte dos sistemas, não só agilizando e controlando o andamento das operações, mas também produzindo as informações que possibilitem aferir e gerir o desempenho.

---

3   Filosofia de gestão tida como uma das bases do sucesso da Toyota, o "Lean Thinking" (mentalidade enxuta) em essência está baseado em prover valor aos clientes, consistentemente, a custos otimizados, atuando em todos os processos com o envolvimento de pessoas qualificadas e motivadas.
4   Kaizen (do japonês "melhoria"), filosofia, práticas e métodos para melhoria contínua dos processos.

Processos e sistemas constituem o alicerce, a base de uma operação confiável, eficiente e que atenda aos clientes, internos ou externos, que dependem dessa mesma operação. Por isso, processos complexos em fábricas, operações logísticas e, em tantas outras atividades, têm sido objeto de investimentos e esforços das empresas de ponta, em busca de processos robustos, confiáveis, de alta responsividade às demandas, elevada produtividade e qualidade.

Estrutura organizacional

Processos e sistemas "percorrem" a estrutura, interligando os setores e funções envolvidas, e, portanto, devem ter precedência, isto é, processos "comandam" formas de organizar e não vice-versa. Via de regra, em uma empresa ainda pequena a estrutura é baseada no Modelo Funcional de organização e processos/sistemas interligam as funções. Estas são agrupadas em "blocos afins" como vendas, produção, suprimentos, finanças, etc., uma departamentalização por funções. O Modelo Funcional vem lá da chamada Escola Clássica de Administração e buscava facilitar a coordenação, definir níveis hierárquicos, autoridade e responsabilidade. Henry Fayol[5] é considerado precursor desta teoria clássica. Desde então, os modelos organizacionais passaram por transformações e inovações que buscavam respostas ao crescimento, à diversificação dos negócios, à atuação internacionalizada, à necessidade de interação entre setores e unidades.

Diferentes negócios – diferentes produtos, clientes, mercados – não conseguiam ser bem administrados em uma estrutura por funções. Surge o Modelo Divisional e seus "dilemas": cada divisão pode garantir a autonomia e foco no seu negócio em bases de produtos e/ou regiões geográficas, mas é necessário ao mesmo tempo manter a unidade, certa uniformidade e integridade do todo e aí temos funções corporativas (marketing, logística, finanças, etc.) a orientar funcionalmente as Divisões. Qual o grau de autonomia e descentralização para as Divisões? Não haverá uma perda em termos de economia de escala? Assisti pela vida afora a várias

---

[5] Henry Fayol, engenheiro francês, publicou o livro *Administration Industrielle et Generale* em 1926 (No Brasil, foi publicado em 1950, Editora Atlas, São Paulo.).

situações que costumo chamar de estilo "ioiô", ora centralizando, ora descentralizando, conforme mudavam os gestores, o que revela uma filosofia fraca, pouco consistente. Em certos casos, a centralização levando a difíceis interações entre "n" áreas especializadas e os negócios. Modelos opostos a esse surgiram – não de uma simples divisão de vendas/produção –, mas de uma "quase empresa", uma SBU – *Strategic Business Unit*, que, frente aos desafios e complexidade da competição, assegurasse o foco no negócio, a agilidade e a atuação em uma base empresarial.

As estruturas evoluíram, ainda, incorporando o Modelo Matricial que, como o próprio nome indica, sugere uma matriz de dupla entrada. Esta visão é, por exemplo, típica de empresas com diferentes projetos ou contas (engenharia, publicidade, consultoria), onde o "gestor do projeto" coordena ou gerencia, matricialmente, o pessoal de funções requeridas pelo projeto. As grandes corporações transnacionais desenvolveram, então, os modelos mais complexos de organização, com estruturas corporativas funcionais – na matriz e nos países – diferentes SBUs nos negócios e estruturas matriciais tanto em projetos, quanto na atuação de áreas especializadas, centrais nas unidades operacionais.

A **fórmula 2G: Gente e Gestão** parece ser a resposta, então, para, progressivamente, ir do empreendimento de impacto – aprendendo e amadurecendo com as crises – à empresa de sucesso continuado. Sair da fase empreendedora para a empresarial. Aproveitar, ressaltar e praticar os valores que estão na raiz do sucesso empreendedor. Mas não esquecer que, diante do tamanho e complexidade assumidos, novas pessoas, novas formas de gestão, outros temas têm que ser tratados e ajustados. Em conformidade, agora, com uma filosofia empresarial sólida, consistente, e orientadora.

A empresa de sucesso continuado, o êxito na 2ª Etapa

O fim exitoso da jornada nesta 2ª Etapa, superadas as crises, gente comprometida, capacitada e motivada a bordo, atuando em um modelo de gestão integrado e eficaz, é o de se chegar ao sucesso continuado. De que se trata então?

Sucesso continuado difere de um sucesso "espasmódico". São conhecidos os casos, por exemplo, de empreendimentos voltados ao entretenimento ou à vida noturna que, fruto de determinadas novidades, transformam-se em verdadeiras coqueluches. Mas eis que, tão meteoricamente quanto cresceram, desabam na medida em que as "novidades" já não são tão novas.

Sucesso continuado implica em clarificar conceitos sobre o que se entende por **sucesso** e o que se entende por **continuado**! Como já iniciei discutindo na introdução, sucesso depende de uma concepção, de uma interpretação que empresários e dirigentes fazem dos resultados que a empresa pretende alcançar e aqueles que está alcançando. Se, por exemplo, vem experimentando um crescimento de vendas expressivo e este é um resultado-chave na concepção do empresário, trata-se então de um sucesso. Mas, se este volume não se traduz nos lucros, em mais algum tempo não será mais visto como um sucesso. O lucro foi alcançado. Sucesso? Depende. Corte de custos e despesas foi a solução? Adiante a degradação da qualidade dos produtos ou as equipes despreparadas e desmotivadas podem derrubar as vendas e o lucro. Aonde pretendo chegar com estas sucessivas "reinterpretações" do que é o sucesso? Quero chegar à ideia de que o sucesso verdadeiro (inclusive para que possa ser continuado) requer alcançar resultados amplos – **clientes** que adoram os produtos e serviços, gerando vendas crescentes e consistentes, **produtos** de qualidade, que fazem a diferença, **corretamente entregues**, **tecnologia** atualizada, **inovações** sistematicamente incorporadas, um **time** de pessoas competentes, engajadas e motivadas, uma **gestão** que funciona, **lucro, retorno e saúde financeira**. E mais: uma clara **contribuição** a um mundo melhor. Sim, compromissos e resultados positivos e efetivos quanto aos efeitos sociais, econômicos e ambientais decorrentes da atuação da empresa. O sucesso, então, é encarado a partir de uma visão ampla do que são os **resultados empresariais**.

O segundo aspecto é que esse amplo conjunto de resultados seja, consistentemente, e de forma razoável, alcançado por anos e anos, por décadas. Um **sucesso continuado**. Mas continuado durante quanto tempo? Collins e Porras[6], em um aprofundado trabalho de pesquisa a respeito de empresas de sucesso duradouro, publicado nos anos 90, consideraram somente empresas fundadas antes de 1950.

Entre as empresas estudadas, que os autores chamam de "visionárias", ("empresas muito especiais e de elite... as melhores de seu setor que sobreviveram ao teste do tempo e que deixaram marcas indeléveis no mundo"), a média de idade era de 92 anos, a média de fundação era 1897 e a mediana, 1902. É evidente que, se transpusermos o raciocínio para o Brasil, teríamos que pensar em empresas de menor tempo de existência, mas já com algumas décadas de sucesso.

Sair da crise, amadurecer e consolidar soluções 2G (Gente e Gestão) é um trabalho duro e que corresponde, penso, à evolução do próprio empreendedor para empresário, como discuto a seguir.

Na sequência, a 3ª Etapa da viagem, procuro aprofundar esta visão abrangente sobre resultados empresariais e de excelência ao longo do tempo, o sucesso continuado.

De empreendedor a empresário, do empreendedorismo ao "empresadorismo"

Esta 2ª Etapa de superação de duras crises e criação de bases consistentes frequentemente é, em paralelo, acompanhada por outra transição entre os **4Es**. O empreendedor original pode concluir que seu verdadeiro negócio é continuar empreendendo. Vende a empresa. Entra em novos empreendimentos. Pode achar a luta para conduzir a empresa ao sucesso continuado, a tarefa de liderar isso, meio entediante e conflitiva. Ou, ao contrário, pode se apaixonar definitivamente pela empresa e suas perspectivas futuras e, aí, colocado nesses termos ou não por ele próprio, ele se assume como empresário.

De uma maneira geral, as pessoas entendem se tratar do mesmo "bicho", o empreendedor e o empresário. O dicionário Aurélio traz acep-

---

6 COLLINS, J. C.; PORRAS, J. I. *Feitas para durar*: práticas bem-sucedidas de empresas visionárias. Rio de Janeiro: Rocco, 1995.

ções muito próximas. **Empreendedor** é o que "empreende coisas difíceis, arrojado, realizador". **Empresário** é o que "empreende ou dirige alguma indústria, exploração, empresa". Vejo, e quero debater aqui, que temos que avançar do empreendedorismo para o "empresadorismo", uma transição enganosa e traiçoeira, entre outras razões, por não tornar claras as dificuldades e exigências envolvidas. Mais de 50% dos empreendimentos desaparecem até os 5 anos de vida! Outros tantos se perdem já como uma empresa relativamente madura, mas que não conseguiu superar suas crises. Começo, então, procurando caracterizar porque os vejo como um tanto quanto diferentes entre si.

Tempos atrás escrevi um artigo sobre os **4Es** para a Revista de Marketing Industrial. Na edição seguinte[7], a revista publicou alguns comentários sobre o texto. Tomo a liberdade de sintetizar aqui dois comentários: Fernando Gomez Carmona[8] manifestou, entre outras análises oportunas e apropriadas, "um sentimento de dificuldade em diferenciar o empreendedor e o empresário. Dos quatro, são os dois que mais se interpenetram". Concordo integralmente. Também os vejo como dois **Es** que se interpenetram. Por quê? Porque em algum momento, o empresário foi o empreendedor que iniciou o negócio e a empresa.

Toda e qualquer empresa algum dia começou como um projeto de negócio, como um sonho na cabeça de um empreendedor. Mas, como venho argumentando, os movimentos de um **E** para outro **E** (aqui, no caso, de empreendedor para empresário) não se configuram como uma simples mudança de papel ou de atividades. Trata-se, isto sim, **de você ter que mudar quem você é, sua visão de mundo, seus valores, sua maneira de encarar o trabalho e seus parâmetros sobre o sucesso.** O empreendimento é um sucesso e cresceu rapidamente? Ótimo. Mas agora o desafio passa a ser o de construir e consolidar uma empresa de sucesso continuado, conforme vimos nesta 2ª Etapa da viagem. Lá no

---

7   O artigo "Os 4E's" foi publicado no número 47 e suscitou uma discussão na edição seguinte da Revista de Marketing Industrial editada pelo Instituto de Marketing Industrial.

8   Fernando Carmona foi professor e diretor geral da Escola de Administração de Empresas da FGV. Também exerceu funções públicas como secretário de Administração (SP) no governo Mário Covas e como secretário adjunto do Ministério do Desenvolvimento, Indústria e Comércio, período em que foi ainda presidente do CEBRAE (Centro Brasileiro de Apoio à Pequena e Média Empresa), que, mais tarde, se transformou no SEBRAE, já citado.

começo você tinha uma pequena equipe completamente engajada no sonho de um projeto criativo, envolvente? Esqueça! Agora estão chegando mais e mais colaboradores, executivos, especialistas. O negócio cresce rapidamente, certo? Você era "amado" pela pequena equipe do projeto em função da sua visão inspiradora, do seu profundo conhecimento do empreendimento em andamento, pela sua criatividade, pela sua determinação e ousadia em levar adiante o projeto?

Pois é, agora muitas pessoas de diferentes setores que tiveram que ser criados e que não vivenciaram a fase "heroica" do empreendimento começam a pôr em dúvida se você compreende bem as questões que eles trazem e que consideram críticas para o sucesso da empresa. Coisas como necessidades de "pacotes" de sistemas e TI, programas da área da gestão de pessoas, engenharia de processos, finanças, marketing, etc. Surgiam dificuldades inesperadas no empreendimento e você, com sua criatividade e flexibilidade, mudava rapidamente o curso e o adaptava às novas circunstâncias? Agora, os gestores e o pessoal da empresa estão justamente demandando processos operacionais e gerenciais, que, embora possam ser sempre melhorados pelas inovações, sejam previsíveis e tenham uma certa estabilidade. Estas novas situações exigem mudança de suas visões e atitudes. De Empreendedor para Empresário. O empresário, como diz o Carmona, se "interpenetra" ao empreendedor, no sentido, a meu ver, que ele deriva do empreendedor cujo empreendimento deu certo. Crescendo rapidamente, o empreendimento tornou-se bem mais complexo. E mais: este sucesso e o seu "faro" empreendedor continuam a trazer novas oportunidades "incríveis". Isto pode levá-lo a imaginar ser a empresa o "palco" agora ideal para continuar pondo em ação seu *feeling* e talento de empreendedor. Pode ser que surja uma inovação brilhante, o que é sempre bom. Mas pode também envolver riscos inaceitáveis nesta fase e ir tornando a complexidade quase "inadministrável". É a perigosa **síndrome da adrenalina empreendedora onipotente** de que já falei. O empresário, frente a todos estes desafios, não só "não quebrou" como, pelo contrário, se transformou, para poder conduzir o empreendimento a uma empresa de sucesso continuado. Em essência, ele mudou para que isto acontecesse. Talvez, sem perder as "emoções que o artista é capaz de gerar", mas agora mais reflexivo, mais "filósofo" inclusive, como espero melhor discutir nos próximos capítulos.

José Carlos P. Cunha[9] trouxe uma interessante contribuição a este debate, propondo adicionar um **E** a cada **E**: "Ao Especialista motiva a Exatidão. Quer saber tudo de sua especialização, quer ser a referência do assunto. Ao Executivo motiva a Experiência, não a de experimentar, mas sim de experienciar, adquirir ferramentas, habilidades que lhe permitam gerir melhor, perceber complexidades e vencer dificuldades. Ao Empreendedor motiva o Entusiasmo. Na raiz da palavra – ter o Deus dentro de si. A força mutante da realidade, que torna real o sonho impossível. Ao Empresário motiva a Eternidade. Tornar perene o seu empreendimento. Fazer do seu sonho a realidade de muitos e de sempre".

Tenho uma breve observação sobre essa interessante contribuição do José Carlos. Como todos sabemos, a mudança e a impermanência regem o fluxo da vida. Mas também acho que o empresário, como já argumentei, busca "perenizar" a empresa. Não necessariamente será esta a motivação básica do empreendedor. Ele poderá, por exemplo, vender o negócio e aplicar recursos, agora mais fartos, em um novo "empreendimento incrível". São relativamente comuns os casos em que *startups* são vendidas para grupos que vão tratar de sua consolidação.

Há também casos de empreendedores que em uma "ousadia alucinada" ou mesmo atuando em "zonas cinzentas" acabam por "quebrar", levando seus empreendimentos ao fim. São tratados na imprensa e na nosso dia a dia como empresários. Mas o conceito de empresário de que trato aqui é daquele que assumiu o propósito de "perenizar" uma empresa admirada pelo seu sucesso e conduta.

Enfim, esse é um debate que comporta muitas visões. Longe de mim pretender estabelecer "verdades". Parece-me, no entanto, que o debate, é, por si só, muito útil, na medida em que provoque reflexões das pessoas no seu caminhar profissional, empreendedor, empresarial.

Mais do que nunca uma visão dos líderes empresariais diferenciada, ajustada e alinhada a esses novos tempos e formas de pensamento que afloram será decisiva para conquistar (ou manter) o sucesso continuado no século XXI. É o tema da 3ª Etapa da viagem a seguir.

---

9 José Carlos P. Cunha, engenheiro, é *especialista* em neurocoaching e consultor em processos de mudança.

Parte 3

A 3ª Etapa da Viagem

DA EMPRESA (ATÉ ENTÃO) BEM-SUCEDIDA À EMPRESA DE SUCESSO CONTINUADO NO SÉCULO XXI

As linhas gerais da caminhada nesta etapa: o sucesso continuado num século de grandes transformações

Ao me referir à empresa do século XXI, não estou procurando datar, mas sim pensar nos princípios de atuação, na mentalidade, nas lideranças da empresa. As do século XX tendem a não ser adequadas ao contexto do século XXI. A leitura que faço deste início do século XXI – o prezado leitor talvez tenha outra, diversa – é que está em curso não uma nova fase – como outras tantas – de mudanças tecnológicas, econômicas, sociais, políticas, evoluindo para um quadro geral com um certo grau de previsibilidade. Mudanças dessa ordem sempre existiram. O início do século XX e a intensificação da era industrial também foram marcados por transformações relevantes. O século XXI, claro, também é caracterizado por mudanças muito intensas (numa velocidade digital, diga-se de passagem), mas numa profundidade, numa abrangência e provocando impactos que parecem colocar em cheque paradigmas e premissas que pareciam "não estar em discussão" nas últimas décadas. Estaríamos diante de tempos diferentes? Tempos diferentes forçam-nos a pensar de forma diferente, daí a necessidade inescapável de rever por completo os princípios de atuação, mudar a mentalidade, daí surgindo, quem sabe, um salto de consciência: para lidar com os novos tempos, um novo tipo de líder. Só para citar um aspecto: líderes empresariais do século XX, em larga medida, focaram prioritariamente na busca e entrega de resultados, no mais das vezes expressos em termos de lucro e retorno a prazos curtos.

É claro que não é possível imaginar que, no século XXI, dirigentes de empresas possam abandonar o foco no lucro e no retorno sobre o investimento. A questão é se tal postura unidirecionada será viável no século XXI, desconsiderando (ou tratando como mero problema de comunicação eficaz) questões relativas, por exemplo: ao efeito de produtos e serviços na saúde, no bem-estar, na vida de clientes; ao valor efetivo de soluções apregoadas como "maravilhas", à publicidade enganosa, às consequências e impactos na sociedade, na política, nas instituições, nos governos e na governança da ação agressiva de lobbies, em muitos casos derivando para os escândalos de corrupção de proporções inimagináveis, que vemos diariamente no Brasil e pelo mundo afora; ao desgaste e à deterioração da reputação da empresa, acompanhada por uma verdadeira devastação de confiança das populações no sistema, na política, nas instituições, os recorrentes desastres ambientais de grandes proporções; aos danos (diários, menos perceptíveis) ambientais provocados por desmatamentos, poluição do ar, poluição sonora; ao aquecimento global. Contradições complexas, plenas de ambiguidades e de difícil equacionamento nos resultados finais produzidos pelas empresas são a pauta inescapável dos líderes, a não ser que pretendam seguir a atitude da avestruz. Além disso, neste início do século parece ter definitivamente entrado em cena o que há algum tempo parecia "não estar em discussão", ou pelo menos era um certo consenso. Coisas do tipo:

- A democracia funciona? Os sistemas políticos são inerentemente tomados por interesses específicos de grupos e não representam o interesse do povo?
- O populismo (de esquerda e de direita) é a regra que passa a predominar no acesso ao poder? Por que populações inteiras ficaram à margem da evolução da economia globalizada? É este o caminho para minorar o sofrimento dessas parcelas esquecidas da população?
- Globalização é um mal ou traz prosperidade? Associada à imigração, daí advém a destruição de empregos? Ou são novas tecnologias que acarretam essa eliminação de empregos? Alguém sabe o que fazer com populações que vivem abaixo da linha de pobreza?
- O que fazer diante da mudança desse paradigma que sustentou a esperança de muitas gerações: oportunidades de emprego crescendo com o crescimento econômico? Agora, ao contrário, com perspectivas de, além da destruição de empregos, a exigência de novas qualificações. A quem atribuir a culpa? Aos imigrantes? À tecnologia?
- Cabe tentar reviver – como ocorreu entre 1750 e 1850 – a vandalização de fábricas e destruição de equipamentos? Ou tentar ficar fora, por opção própria, do avanço tecnológico?
- Qual é, se existe alguma, a política econômica acertada para um país que pretenda evoluir econômica e socialmente em meio a esse ambiente?
- As organizações multilaterais conseguem algum grau de coordenação neste contexto? "Cada um que cuide de seus interesses" é a nova base?

Outras mudanças de impacto estão em curso. Mudanças tecnológicas e modelos de negócio totalmente novos. Formação de opiniões em rede, o dinamismo e a velocidade de comunicação da informação por meio das tecnologias digitais. Processos de pressão e reivindicação política que daí brotam a cada momento. Não creio que nesta altura há quem possa desenhar cenários claros resultantes do encaminhamento que tomarão essas questões. Muito menos eu. Não sou cientista político, economista, sociólogo. Sou um observador da cena.

Mas a questão central que aqui coloco permanece: estamos diante de uma mudança dos tempos, ou de mais uma temporada de mudanças de impacto em aspectos tecnológicos e econômico-sociais? Como disse, os cenários não são claros. A convicção que desenvolvi a partir destas reflexões é que, sim, estamos diante de novos tempos a exigir formas diferentes de pensar.

Novos tempos, exigindo novas formas de pensar, como é evidente, requerem novos líderes em termos de evolução de consciência e novas concepções quanto aos princípios fundamentais de atuação da empresa. Eis aí, diante de uma mudança dos tempos os pontos centrais do sucesso continuado no século XXI, como procuro discutir nessa 3ª Etapa da "viagem". Trata-se de caminhar em direção à empresa amarelo-turquesa, como proponho no final deste livro.

Capítulo 7

PAREM O MUNDO... QUERO DESCER!

Uma situação como essa, que antevejo neste início do século XXI – o surgimento de novos tempos –, está resultando de uma miríade de mudanças, praticamente simultâneas, em uma velocidade impressionante, "bombardeada" globalmente pelos meios de comunicação, independente de onde se originam. Geram insegurança. Geram instabilidade. Geram incertezas. Geram inovações. Geram novas possibilidades. Geram novos negócios. A sensação é de que o mundo precisa parar para que possamos pôr o pé em alguma "terra um pouco mais firme", mais previsível, pelo menos por algum tempo. O que não tem sido possível. Se tomarmos somente os últimos 10 anos como referência – e ainda que não entremos na análise das terríveis ameaças representadas por conflitos e guerras locais com ameaças globais e pelo terrorismo –, veremos que a turbulência é enorme:

Instabilidade e crises econômico-financeiras

A crise do *subprime* nos EUA (2007) gerou uma das mais severas crises na economia mundial. "Pacotes" governamentais de socorro à economia combalida foram acionados, principalmente nos Estados Unidos e na Europa. Fortes quedas do PIB ocorreram nas principais economias e houve um endividamento crescente dos países. A crise teve origem no "boom" imobiliário baseado em financiamentos duvidosos e na busca de diluição dos riscos. Para muitos analistas, as causas originais da crise estariam na forma de atuar e na falta de uma regulação adequada do sistema financeiro global.

"Estragos" provocados pela globalização/abertura comercial?

A globalização (que parecia uma condição dada), os acordos comerciais, o livre-trânsito de capital começam a ser vistos em várias partes do mundo como os vilões das crises, de áreas industriais degradadas, da perda de emprego, etc. É bem provável que a causa real esteja nas condições de baixa competitividade destes setores. Iniciam-se, no entanto, movimentações políticas a desencadear novas situações de instabilidade e imprevisibilidade econômica. O *Brexit* no Reino Unido e seus reflexos político-econômicos na União Europeia e na Zona do Euro. O governo Trump nos Estados Unidos e forças de extrema-direita com participação em governos da Europa, como Áustria, Hungria e Polônia, fazem com que ganhem espaço discursos com fortes conotações de nacionalismo, populismo e xenofobia.

China, 2ª maior economia do mundo

No curto espaço das últimas três décadas, o crescimento chinês se deu a uma média de 10% ao ano. Saiu de um PIB da ordem de US$310 bilhões em 1985 para US$ 11,2 trilhões em 2016[1]. Trata-se, claro, de um novo polo de poder político-econômico. O peso da China nos negócios, investimentos e no comércio mundial passou a ser muito significativo. O impacto, positivo ou negativo, do andamento da economia chinesa na economia mundial repercute imediatamente de forma global, como estamos vendo com a sua redução da taxa de crescimento nos últimos

---

[1] Dados do Banco Mundial. Disponível em: <https://data.worldbank.org/indicator/NY.GDP.MKTP.CD?locations=CN-MO-HK-IM>.

tempos, quando passou-se a falar de algo entre 6 a 7% depois de um bom tempo na média de 10%. Com desafios (e oportunidades) gigantescos: algo como 1,4 bilhão de habitantes, milhões ascendendo e outros milhões pretendendo ascender da pobreza a uma vida mais próspera. Educação, geração de empregos, infraestrutura, saúde, eis alguns dos megadesafios. O sistema político, as pressões por mais democracia e o capitalismo de estado implantado darão conta de equacioná-los?

A mudança da era industrial para a digital

O automóvel, no início do século XX, proporcionou grandes transformações econômicas e sociais. Milhares de empregos. Uma mobilidade nunca antes vista, gerando produtividade e criando novas possibilidades de convívio social. Expansão dos negócios, criando uma cadeia de suprimentos, a montante e à jusante das montadoras.

As tecnologias e as transformações nesta era se desenvolveram na instância do mundo físico: energia, eletricidade, siderurgia, máquinas e equipamentos, automóveis. Embora também ocorrendo no mundo físico, o avanço das tecnologias das últimas décadas provocam grandes impactos e transformações em um universo não físico. São mudanças muito rápidas, que tornam obsoletas evoluções recentes e que parecem prosseguir indefinidamente. Armazenamos, recuperamos – apertando algumas teclas – e compartilhamos, globalmente, informações numa escala jamais imaginada. De maneira praticamente instantânea. Impressoras 3D imprimem objetos. Continuamos utilizando automóveis, mas não imaginávamos que eles poderiam passar a ser dirigidos por computadores.

No início da década de 2000, assisti a uma apresentação corporativa de uma das gigantes da indústria automobilística mundial. O executivo palestrante resumiu um pouco da história, falou dos modelos – verdadeiras joias sedutoras que marcaram uma época – e dos recursos, das mais de 130 fábricas pelo mundo e dos milhões de veículos vendidos a cada ano. Não evitou de abordar a crise vivida àquela altura pela empresa, mas procurou mostrar que "em breve estará superada com a força e a experiência dos nossos mais de 100 anos".

No intervalo para o café, conversando com um amigo de trabalho, comentei: "imagine se estivéssemos em uma apresentação de um desses fenômenos da internet, talvez ouviríamos algo como "começamos na universidade há um pouco mais de 10 anos, estamos próximos de 2 bilhões de usuários e o nosso valor de mercado já é de dezenas de bilhões de dólares". Nesta altura da conversa constatamos: pois é, empresas adolescentes com um valor de mercado astronômico e empresas centenárias em crise.

O fato é que ainda é difícil vislumbrar o espectro de profundas mudanças econômicas, sociais e culturais da era digital. Temos e teremos cada vez mais transformações nos negócios: processos acelerados, encurtamento de ciclos operacionais, mudanças na maneira de ofertar e vender produtos e serviços, novos modelos de negócios, a chamada economia compartilhada, desafios estratégicos para diversos negócios (música, editoras, publicações, entre tantos outros), impressão 3D, reconfigurando cadeias de suprimento, produção e logística. Temos e teremos cada vez mais mudanças na **sociedade** e na **política**. Redes sociais disseminando ideias, mobilizando grupos, novas tendências. Construindo e destruindo a imagem e a reputação de negócios, de políticos e de pessoas. Introduzindo novas modalidades de golpes. Exigindo cuidados. Ofertando conhecimento e gerando possibilidades educacionais de grande alcance. Tudo isto a qualquer tempo, a qualquer hora, a um toque no smartphone.

A inovação, o crescimento econômico e a eliminação de empregos

Schumpeter[2] via na inovação e na determinação de empreendedores (o "espírito selvagem") a mola propulsora de ciclos de desenvolvimento econômico, concebendo o capitalismo como um processo evolutivo

---

2   Schumpeter, J. (1883-1950), economista de extraordinária importância na análise dos efeitos da inovação e os ciclos econômicos que popularizou a ideia de "destruição criativa" na economia.

sustentado pela inovação contínua. Ele vê a origem dos lucros com a introdução de inovações tecnológicas ou organizacionais, com processos novos e de menor custo para produzir, ou modos de produzir coisas totalmente novas.

"Como resultado destas inovações, surge um fluxo de lucro que não pode ser rastreado até a contribuição do trabalho ou dos recursos dos proprietários". Estamos adentrando no século XXI em um destes ciclos de rupturas, de grandes inovações. A inovação digital parece caracterizar esta era e muitos assim a denominam em contraposição à era industrial: a era digital/era da informação, era do conhecimento. Mas outros campos de grandes inovações seguem avançando, como são, entre outros, os campos da genética, da energia, da saúde, da comunicação, etc.

Mas não há inovação sem impactos, negativos e positivos, na sociedade. Desde sempre, os avanços tecnológicos e a inovação foram alvo de visões otimistas e pessimistas. Tomemos a tecnologia digital como exemplo. Otimistas imaginam que o impressionante avanço da tecnologia, dos *chips,* das capacidades e velocidades de processamento, e da comunicação, nos levará a um grau de eficiência econômica nunca antes cogitado. Historicamente, esses otimistas têm no que se basear. Tecnologias inovadoras em energia, transportes e outras trouxeram progresso e melhoria de vida.

Pessimistas veem, no entanto, entre outros, um efeito muito negativo decorrente da eliminação de empregos. Eles também têm no que se apoiar: Bill Gates[3] diz que *"a robotização eliminará milhões de postos de trabalho... nas próximas décadas... e isto inclui a substituição, por máquinas, de garçons, motoristas, enfermeiros, os quais não teriam como assumir, rapidamente, funções demandadas por esta nova economia"*. É de se esperar – até que melhorias de produtividade e repreparação para o emprego e adaptação profissional se materializem – fortes tensões sociais. Papel fundamental terá que ser assumido pelos sistemas educacionais. Tornar-se-á imperiosa uma melhoria e uma inovação substancial da educação. Para viver e prosperar nesses novos tempos, as pessoas precisarão incorporar

---

3   Citação em matéria de Claudia Vassalo, Revista Exame, edição 1062, abr. 2014.

novos conhecimentos, novas competências, novas habilidades, lastreadas por visão crítica, por uma facilidade de interpretação e entendimento com as pessoas.

E quanto ao crescimento econômico? Qual o seu futuro diante de tanta inovação? As visões aqui também são contraditórias. Estudiosos do assunto divergem. Um destes casos, interessante, de total discordância quanto a esta questão é a dos professores Gordon e Mokyr da Universidade Northwestern, Illinois, EUA, relatado em matéria do *The Wall Street Journal* e publicada pelo jornal Valor Econômico[4], no caderno *Wall Street Journal-Americas*.

Os dois colocam-se em polos opostos quanto ao futuro da economia do século XXI: de um lado, a rápida inovação liderada pela manufatura robótica, impressão em 3D, computação em nuvem e, do outro lado, anos de perdas de empregos, salários estagnados e desigualdade crescente. Mokyr, historiador econômico, estuda há muito tempo o efeito das novas tecnologias na economia e crê que elas a revolucionam. Já Gordon, acha que avanços revolucionários – como, por exemplo, a eletrificação que mudou a vida das pessoas e deu origem a centenas de indústrias – já aconteceram.

Um novo ciclo de crises, inovações e ajustes ou o fim do capitalismo?

Em *O fim do mundo como o concebemos*, o sociólogo e acadêmico americano Immanuel Wallerstein[5] não enxerga só mais algumas crises temporárias. O seu raciocínio evolui para antever o fim do capitalismo pelos desenvolvimentos, segundo ele, que "minaram as estruturas básicas da economia do mundo capitalista". Refere-se ele à (1) desruralização do mundo e o fim de uma reserva de pessoas de baixo nível de salários, (2) à externalização de custos pelas empresas (fazendo com que a sociedade

---

4 "Dois economistas divergem sobre o futuro da inovação e do crescimento", de Timothy Apell, jornal Valor Econômico, 20 jun. 2014.
5 WALLERSTEIN, I. *O fim do mundo como o concebemos*. Rio de Janeiro: Revan, 2012.

os pague) principalmente os relativos a danos ecológicos e ambientais e que, forçadas a internalizar esses custos, as margens de lucro entrariam em uma tendência de queda vertiginosa, (3) à pressão por programas de bem-estar social, o que leva a mais impostos e menores margens de lucro e, (4) curioso, o próprio colapso da velha esquerda que, vendo um mundo mais igualitário no horizonte, legitimava o otimismo e a paciência.

Diz o próprio Wallerstein que a primeira metade do século XXI será muito mais difícil e incerta do que tudo que ocorreu no século XX *"como analistas não sabemos... como tudo isto se desdobra"*.

Como é evidente, este livro só existe porque acredito no empreendedorismo e em empresas bem-sucedidas como a mola mestra do desenvolvimento econômico e da prosperidade. Mas os princípios e valores em que se fundamentam a atuação das empresas estarão cada vez mais "sub judice".

Penso que aí se encontra a raiz da necessidade de uma filosofia empresarial sintonizada com o século XXI e de novos líderes para colocá-la em prática. É o que diz Haque[6]: "a verdadeira ameaça ao capitalismo não são as artimanhas financeiras desenfreadas" (tipo a crise de 2008), mas sim o fato de não terem sido enfrentadas de frente e as expectativas de *stakeholders* sobre o papel da empresa na sociedade. Portanto, há uma acumulação de frustrações de pessoas comuns o que **"não pode ser resolvido nem impedido por lobby político ou propaganda de margarina"**.

Democracia e sistemas políticos em crise

Como vimos, a crise econômica, inicialmente detonada em 2007, nos Estados Unidos, com o estouro da chamada bolha imobiliária e, de 2008 em diante, com a quebra do Lehman Brothers, levou as autoridades americanas a reagir por meio de injeções substanciais de recursos na economia. Com o alastramento da crise, esta foi a reação de outros tantos governos. A dívida pública americana naquela altura atingiu números

---

6 HAQUE, U. *Novo manifesto capitalista*. São Paulo: Zahar, 2013.

impressionantes, algo da ordem de $14,3 trilhões de dólares. O limite da dívida, ao ser discutido no Congresso, revelou um delicado impasse político e vejam a manchete do *CNN Money,* de 14 de julho de 2011:

"Debt ceiling: Chaos if Congress blows it"

Jamais havia imaginado que pudesse algum dia me deparar com uma informação como essa. Crises em velocidades digitais, países "paralisados" em disfunções econômicas, legais e institucionais, sem que o sistema político as enfrente com eficácia e outros promovendo reformas e crescendo. Tudo isso levou analistas qualificados a levantar questões tais como: será que os processos decisórios nas democracias são inerentemente demorados demais diante da velocidade dos acontecimentos? Seriam "paralisadores" de medidas duras, necessárias? São por demais influenciados por grupos de interesses específicos?

Afinal, os resultados dos processos decisórios são benéficos ou têm sido frustrantes?

A vigorosa arrancada econômica da China nas últimas décadas, por outro lado, é vista por alguns desses analistas como decorrente de um regime no qual não se permitem grandes controvérsias quanto aos rumos a seguir. Decisões rápidas sobre o que tem que ser feito são tomadas no sistema político de partido único chinês, tais como: introduzir a economia de mercado (anos 90), criação de um sistema de ensino superior de excelência, gigantescas obras de infraestrutura. Essas e muitas outras decisões tornaram a China a segunda maior economia mundial. Outras análises igualmente qualificadas veem na carência de democracia a fragilidade potencial do gigante asiático. Controvérsias, diferentes visões de mundo e de interesses sempre existem. Em algum momento, não tratá-las em um sistema aberto e transparente pode se tornar um grande problema. Sobre a própria crise política do teto da dívida americana, muitos argumentaram: as questões de um país não se resolvem em minutos, horas ou meses. E daí se a decisão do congresso americano sobre o teto da dívida foi tomada aos 45' do segundo tempo? O que importa é que essa decisão foi tomada com argumentos a favor e contra, amplamente noticiados, analisados por economistas, com discussões abertas. A verdade (se é que existe uma **verdade** nesta discussão) deve estar em algum ponto intermediário e não nos extremos entre regimes centralizados e aqueles cuja democracia por vezes mostra disfunções. Não há como negar que os sistemas políticos, em muitas regiões (e o Brasil infelizmente é um exemplo), não levam a uma representação minimamente aceitável dos cidadãos, estão afastados das demandas reais da população, as decisões se dão em gabinetes fechados que tratam de interesses específicos, distribuição de cargos, enfim, operam o dia a dia da política alheios às demandas das ruas e com casos de corrupção que se repetem interminavelmente. Mas, mesmo quanto a estas mazelas, é melhor resolvê-las dentro de parâmetros democráticos. Me alinho com aqueles que comungam da ideia que nenhum sistema político é tão ruim quanto a democracia, exceto todos os outros!

A geração Y no comando, aí estão os novos líderes para o século XXI

A geração Y, assim considerados, via de regra, aqueles nascidos entre 1982 e 2000, já tem muitos representantes atuando profissionalmente há algum tempo. Estão chegando a posições de comando. Alguns como empreendedores de sucesso, outros como executivos assumindo responsabilidades na gestão das empresas, outros já como empresários. Ora, nada muito diferente do que sempre ocorreu: uma nova geração, com novas perspectivas, novos costumes, hábitos, valores, "recebe o bastão" das gerações anteriores. Como sabemos, trata-se de uma transição mesclada: diferentes gerações atuam na mesma época. Nas empresas já com certo tempo de existência, não será surpresa encontrarmos até quatro gerações atuando: **tradicionalistas** (nascidos antes de 1946), **baby boomers** (nascidos entre 1946 e 1964), **geração X** (1965-1981) e **geração Y** (1982 em diante). Um fato normal da vida: as gerações vão se sucedendo. No entanto, esse "fato normal" frequentemente traz consigo conflitos de valores, dificuldades de entendimento e as empresas lutando para absorver produtivamente os "novos". Os tradicionalistas – trabalhadores árduos e dedicados ("com o tempo serei reconhecido e melhorarei") e que casavam para sempre – enfrentaram situações muito difíceis com a crise de 1929 e a Segunda Guerra Mundial. E tiveram que compartilhar, tentar orientar e se entender com os *baby boomers*. Estes foram criados, em geral, segundo o lema **"trabalhem e aprendam a se virar"**. Cresceram e viveram em uma sociedade bem mais aberta, com muito mais informação, cinema, televisão, revistas, etc. Não tiveram que enfrentar guerras e a escassez que seus pais vivenciaram. Rebelaram-se contra pais (e chefes) considerados autoritários, daquele tipo "faça o que estou mandando". Tornaram-se mais abertos como pais. Achavam que não cabia evitar "conversas que são de adultos". Guiaram-se por valores baseados na abertura, comunicação sincera, qualidade da relação, cooperação.

Veio a chamada geração X. As mulheres envolveram-se com maior intensidade na vida profissional, passando a viver em busca do equilíbrio entre profissão e família. O casamento deixou de ser "para sempre". O aumento do número de divórcios trouxe para a geração X novas – e nem sempre fáceis – questões para os filhos, pouco tempo de atenção dos pais, convivência com diferentes famílias. Isto associado ao crescimento das cidades e da insegurança, à enorme disponibilidade de recursos para se comunicar frequentemente com os filhos (celulares, internet) o incentivo ao "brilho" dos filhos e aí temos, no dizer de Tom Brokaw[7], "a geração de crianças mais supergerenciada da história". Eis a geração Y.

É evidente que nesta breve síntese não há como caracterizar complexas mudanças socioeconômicas, culturais e comportamentais associadas a esse desenvolvimento. O que quero aqui é mostrar que a chamada geração Y traz na sua bagagem para a vida profissional umas tantas características[8]:

- **Educação:** filhos muito cuidados, protegidos mesmo, elogiados, "curtidos".
- **Direitos e expectativas:** foram mais ouvidos do que gerações anteriores. Tiveram sua autoestima valorizada. Imaginam poder conquistar tudo o que quiserem. São talentosos. Têm muito a contribuir. Mas, quando se iniciam profissionalmente, tendem a achar que continuam merecendo tratamento especial. Logo querem saber sobre aumentos de salários, reconhecimento,

---

7   BROKAW, T. *The Greatest Generation*. New York: Random House, 1998.
8   Extraído, em síntese, de LANCASTER, L. C.; STILLMAN, D. *O Y da Questão*. São Paulo: Saraiva, 2011.

promoções. E com grandes expectativas de realização e sucesso. Mudanças de empregos tendem a se tornar frequentes.

- **Significado:** perguntam-se amiúde: o que é isto que estão me pedindo para fazer? Que valor tem isto? Para quem? Se não conseguem ver sentido, se o trabalho não contribui para "algo importante", rapidamente podem se mostrar desmotivados.
- **Agilidade, resposta rápida:** Acostumaram-se a operar na velocidade de um "clique". Buscam e conseguem respostas rápidas. Tentativa e erro é mais rápido do que pensar e refletir antes de agir.
- **Redes sociais:** São "membros" de variadas redes. Debatem de tudo um pouco. Usam redes na coleta e uso de informações.
- **Opiniões e posições:** em casa e na vida escolar foram estimulados a argumentar. Querem ser ouvidos. Querem ter suas opiniões consideradas. Não aceitam imposições.
- **Cooperação:** demonstram facilidade, como parece ser frequente e simples nas redes, para manter relações colaborativas.

É preciso, como sempre foi, que as diferentes gerações enfrentem as transições sem se tornarem "vítimas" de preconceitos de difícil superação. De nada servem as críticas sobre a geração Y que ouvi pelos corredores de certas empresas. "Eles são mimados, precisam amadurecer. São muito cheios de opiniões sobre qualquer assunto, mas nem sempre têm ideia de como trabalhar e fazer acontecer o serviço."

Todos sabemos que críticas não alteram a essência do caminho da vida: novas gerações chegam e substituem progressivamente as anteriores. Eis aí mais um ponto de reflexão fundamental para as próximas décadas do século XXI.

Eles assumirão o bastão. E se sua empresa não quiser se tornar líder, sim, em *turnover* é melhor dar uma olhada nos princípios subjacentes ao Modelo de Gestão. Coisas como posições hierárquicas inquestionáveis, seguir rotinas e procedimentos formais o tempo inteiro, decisões centralizadas sem *feedback*s sobre o trabalho e perspectivas tendem a não funcionar!

A questão ambiental

O ano de 2014 foi marcado para aqueles que vivem em São Paulo por uma crise no abastecimento de água de proporções assustadoras. Só para se ter uma ideia: o Sistema Cantareira, que fornecia cerca de 45% de toda a água da região metropolitana, atingiu menos de 10% de seu volume em novembro daquele ano. Há os que argumentam que se trata de um fenômeno climático extemporâneo: há mais de 80 anos não se verificava na região uma seca tão intensa e tão prolongada. O que permite argumentos tão díspares: "ora, isto já ocorreu há mais de 8 décadas" como também "este é o efeito visível e terrível das mudanças climáticas produzidas pelo desmatamento de áreas amazônicas, poluição e gases do efeito estufa, com o aquecimento progressivo". O fato é que, segundo relatório técnico[9], em alguns anos chove pouco, em outros chove muito, e este é um dos efeitos previstos nos modelos de mudança climática. É o que tem ocorrido ano após ano em São Paulo, pouca chuva em alguns anos, outros com muita chuva. O Relatório Síntese do IPCC[10], também divulgado no 2º semestre de 2014, é absolutamente afirmativo ao se referir às mudanças climáticas observadas, e diz:

> *"A influência humana no sistema climático é clara... as emissões de gases são as maiores da história... o aquecimento do sistema climático é inequívoco... a atmosfera e os oceanos se aqueceram, as quantidades de neve e gelo diminuíram... o nível do mar subiu... e quanto à causa das mudanças climáticas, ela está nas emissões de gases... o que levou a concentrações atmosféricas sem precedentes nos últimos 800 anos".*

Os alertas do IPCC sobre riscos futuros são muito fortes. Estudos recentes em São Paulo também demonstram isso: há um nítido aumento médio da temperatura. Polêmicas à parte, o fato é que crises como

---

[9] AGÊNCIA NACIONAL DE ÁGUAS. Boletim de Monitoramento dos Reservatórios do Sistema Cantareira, Brasília, v. 09, n. 02, fev. 2014.
[10] "Climate Change 2014: Synthesis Report". Relatório de Avaliação do IPCC – Intergovernamental Panel on Climate Change (Painel Intergovernamental sobre Mudanças Climáticas).

esta em São Paulo (e já há algum tempo também na Califórnia) trazem a todos e a cada um de nós a consciência de que não dispomos de recursos naturais de baixo custo, inesgotáveis, para usar sem moderação, sem reaproveitamento, irresponsavelmente. Em larga medida, essa foi uma atitude comum nos negócios e nas atitudes das pessoas durante o século XX.

É bom ter claro neste contexto que se sua empresa no século XXI, por exemplo, esbanja água, polui rios próximos às fábricas, nada faz para a economizar e reaproveitar (o que vale para outros tantos recursos naturais), poderá enfrentar problemas enormes. Os efeitos da ação humana são amplos e graves. Tampouco podemos esquecer o impacto nas condições ambientais de cada um de nós, dos mais de 7 bilhões de indivíduos que habitam o planeta. Assim como não se pode deixar de considerar as ações de governos, suas políticas de desenvolvimento, seus incentivos e suas ações de proteção ambiental. Mas é preciso ter claro, no âmbito das empresas, que certas premissas do século XX pouco amigáveis ao ambiente não cabem mais. Como sintetizou muito bem Jochen Zeitz[11] no prefácio de Corporação 2020[12]:

> *"como empresários, temos a responsabilidade de deixar de fazer negócios que causam danos colaterais e, em vez disso, fazer os que gerem benefícios colaterais... espero que a nova geração de líderes empresariais nem sequer questione que os negócios devam ser mutuamente vantajosos a todos os envolvidos, incluindo a natureza e a sociedade".*

Tratei aqui nesses nove tópicos de algumas questões que chamam a atenção. Por certo, outros processos de mudanças caberiam nessa análise, assim como outros surgirão, fruto da própria dinâmica das mudanças em

---

[11] Jochen Zeitz, após ter sido Chairman e CEO por 18 anos na Puma, criou a Zeitz Foundation, voltada para levar adiante ideais e iniciativas em favor do princípio de que sustentabilidade não significa sacrificar prosperidade econômica, através de projetos que buscam equilibrar 4Cs: conservação, comunidade, cultura e comércio.

[12] SUKHDEV, P. *Corporação 2020:* como transformar as empresas para o mundo de amanhã. São Paulo: Planeta Sustentável, 2013.

curso, e ainda não captados por nenhum "radar". Parecem configurar de fato, novos tempos. Não se trata por certo de umas tantas mudanças econômicas, ou o aperfeiçoamento de umas tantas tecnologias conhecidas. São mudanças de paradigmas políticos. São crises e mudanças econômicas, tecnológicas e com a introdução de modelos de negócio disruptivos. Questões ambientais. Mudanças sociais profundas. Uma turbulência impressionante. É o que configura o mundo VICA[13]. Como tudo isso se desdobra, não sabemos.

---

13   Tradução para o português do acrônimo VUCA em inglês (Volatility, Uncertainty, Complexity, Ambiguity), originado no contexto militar americano no fim dos anos 90.

Capítulo 8

É A FILOSOFIA...
ESTÚPIDO!

Refletindo sobre inovações na gestão no século XXI

Tempos atrás, preparava-me para um painel de debates cuja questão central colocada pelo coordenador era, nas suas linhas gerais, a seguinte:

Considerando as mudanças complexas e aceleradas (econômicas, tecnológicas, sociais, políticas, etc.) neste início do século XXI, o que as empresas de ponta e bem-sucedidas até então têm que inovar e aperfeiçoar no seu modelo de gestão?

Visando me preparar para o painel, resolvi dar uma "passeada" pelos componentes fundamentais de um Modelo de Gestão, já examinados no capítulo 6, para tentar identificar possíveis tendências e inovações.

Ao examinar o módulo sobre **resultados empresariais desejados**, o que me ocorreu é que empresas sintonizadas com os desafios do século XXI precisarão incorporar à sua visão de sucesso/resultados aqueles relativos aos efeitos socioambientais e econômicos. Mas o coordenador fala em empresa de ponta. Essas já assumiram compromissos claros com este campo de resultado. Talvez ainda não os tenham bem focados na gestão. Outras, que prosseguem com a obsessão unidirecionada e curto-prazista (lucro, retorno e geração de caixa é o que interessa), ou que sequer têm clareza dos resultados que buscam nem entram na cogitação do coordenador do debate.

Os processos de planejamento, claro, não têm como se pautar nesses tempos, por cenários mais estáveis, mais previsíveis. Não era de todo incomum nos anos 60 e 70, com determinadas melhorias e ajustes, reconfirmar estratégias e o sentido dos planos. Há que se aprimorar muito os sensores: captação e tratamento de dados massivos, sistemas especializados, cenaristas e conselheiros familiarizados com os negócios, de captação de reações de clientes, na atuação de concorrentes, na evolução de tecnologia, etc. A estratégia competitiva em um ambiente de tanta turbulência é realmente de difícil formulação. É afetada por variáveis críticas que surgem a cada dia: novos modelos de negócios, impacto das redes sociais na imagem de produtos e da empresa, inovações disruptivas lançadas por concorrentes, novos e radicais rearranjos de cadeias de suprimento, ganhos de produtividade com soluções digitais, as "fábricas do futuro" e por aí vai. Sensores precisam captar os sinais de mudanças econômicas, sociais, tecnológicas, políticas, até antes mesmo das mudanças tornarem-se tendências. Haja flexibilidade, agilidade, competência e velocidade de reação. Uma cultura de projetos *"ad hoc"*, uma transposição rápida das visões que surgem para os planos operacionais. Ênfase na execução. Mas, de novo: isso tudo já tem que estar na pauta da empresa de ponta.

Inovar no núcleo do modelo: **processos** robustos, utilização máxima do potencial de **sistemas** e automação, atuação das **pessoas** no modelo "AFFA" (aprender fazendo, fazer aprendendo), projetos, Kaizen. Terceirizações estratégicas, reconfiguração de alianças, parcerias e papéis de fornecedores na cadeia de suprimento e no modelo de produção.

Atacar "de frente" **estruturas organizacionais** que se tornaram complexas demais, hierarquizadas, com perda de foco no negócio. Quem sabe testar uma holocracia, modelo que teve Brian Robertson como precursor na *Ternary Software*. O modelo abandona nossa conhecida ideia de hierarquia e passa a operar como uma holarquia, holons[1] cujas atividades e comportamentos desenvolvem-se em função da cooperação com outros holons, sem um mecanismo centralizado de comando e controle.

---

1   Holon, holos; todo e o sufixo -on: partícula. Um holon é uma totalidade que é parte de outra totalidade.

Dada uma missão ou conjunto de tarefas, o grupo decide como desenvolvê-las. Os grupos se auto-organizam e interagem com outros dentro do princípio que todos atuem como parceiros de todos. Não há chefes, cargos, hierarquia.

Nesta altura, achei esta "garimpagem" de ideias um tanto frustrante. As inovações são muitas, mas me parecem insuficientes diante dos novos tempos e da sua complexidade. Entrei em uma profunda reflexão. Muitas das inovações em gestão têm sido, até aqui, instrumentais, estão no campo do *know-how*. Não enfrentam o "o quê", "para quê", "por quê", nos campos do *know-what* e do *know-why*.

Eis que nesse ponto... **EUREKA!** disse a mim mesmo plagiando o *slogan* criado por James Carville[2], estrategista da campanha vitoriosa de Clinton à presidência dos EUA, em 1992...

...É a filosofia, estúpido!

São os princípios fundamentais. Esta é a grande inovação: um profundo revisitar e repensar das questões centrais da existência, do papel e da atuação da empresa na sociedade e da sua gestão. Identificar os princípios implícitos ou explícitos que norteiam a atuação da empresa. Examiná-los. Ver os que devem permanecer e os que precisam de revisão, atualização sobre questões do tipo: Quem somos como empresa? Por que e para que existimos? Que causa defendemos? A quem afetamos com nossas condutas na sociedade? O que estamos fazendo para olhar os resultados que produzimos para os diferentes *stakeholders*?

Parece que achei se não a inovação, a "raiz" das inovações para atender à provocação do coordenador do debate sobre Modelos de Gestão para o século XXI: uma **filosofia** forte, coerente e ajustada a estes tempos.

Cabe então incluir no gráfico, que vem nos acompanhando na discussão sobre a fórmula 2G, a ideia de uma filosofia empresarial: o conjunto de princípios sólidos, coerentes e praticados – que fundamentam e balizam os negócios e sua gestão.

---

2   James Carville lançou o slogan que ficou famoso "It's the economy, stupid" (É a economia, estúpido), durante a campanha de Clinton de 1992.

Nada contra inovações, melhorias, aperfeiçoamentos, mais ou menos abrangentes nesse ou naquele módulo, nesse ou naquele processo do Modelo de Gestão, mostrado na figura acima. Muitas inovações no modelo de gestão, algumas aqui apontadas, outras tantas que o leitor tem em mente, outras que surgirão, ajudarão sobremaneira a enfrentar, com a competência e a agilidade necessárias, os desafios do século XXI. Mas não é só por aí que vão acontecer as mudanças na profundidade exigida pelos desafios do século XXI. Esses desafios serão superados por líderes empresariais que façam acontecer em toda a organização o conjunto de princípios que constituem a filosofia da empresa. Princípios que não foram criados por esses líderes e redigidos em uma bela declaração distribuída pela empresa a partir de alguns seminários e reuniões. Mas que foram, isto sim, descobertos na vida real da empresa, aos quais se chegou pela reflexão e introspecção profundas. Princípios autênticos, nos quais as pessoas acreditam, a começar pela observação da paixão com que são defendidos (e praticados) por aqueles que os formularam e mantiveram ao longo de gerações.

Mas qual é mesmo a inovação?
(há coisas aqui do início do século passado)

Como poderíamos entender a Merck de hoje sem examinar as origens da sua **filosofia** subjacente definida por George Merck na **década de 1920**: *"remédios são para o paciente, não para os lucros. Os lucros são uma consequência"*.

David Packard falando, em **abril de 1960**, ao grupo de funcionários da HP responsável por um programa crítico de desenvolvimento gerencial:

*"Eu quero discutir **por que** uma empresa existe. Em outras palavras, **por que estamos aqui**? Eu acho que muitas pessoas supõem, erradamente, que uma empresa existe simplesmente para ganhar dinheiro. Ao mesmo tempo que este é um resultado importante na existência de uma empresa, temos que ir mais fundo e descobrir quais são as verdadeiras razões de nossa existência, um desejo de fazer algo mais... de prestar um serviço... fazer algo de valor".*

*David Packard se formou em engenharia, não em filosofia. Mesmo assim aí nós o vemos refletindo sobre o que podemos descrever como **existencialismo corporativo**, ponderando sobre as razões de ser filosóficas e não econômicas da sua empresa. E diz ainda: "a HP fez tudo o que estava ao seu alcance para que os princípios daquilo que ficou conhecido como a **filosofia HP** fossem absorvidos pelos seus funcionários".*

*Quando Robert W. Johnson em **1886** fundou a Johnson & Johnson, ele o fez com a meta idealista de "aliviar a dor e as doenças". Em **1908**, ele havia transformado isto numa ideologia de negócios que colocava o serviço ao cliente e a preocupação com os funcionários na frente do retorno aos acionistas.*

*Thomas J. Watson Jr., IBM, colocou uma enorme advertência no seu livro de **1963**, A Business and Its Beliefs, referindo-se aos desafios da constante transformação e a preservação de crenças básicas: "a única vaca sagrada de uma organização deve ser sua **filosofia** básica de negócios".*

Essas são citações extraídas de Collins e Porras em *Feitas para durar*, já citado, e que resultaram de extensa análise e estudo aprofundado de 18 corporações de sucesso duradouro (cuja média de idade, quando do estudo, era de 92 anos). Uma das conclusões centrais do estudo é que uma **ideologia central**, "um conjunto de preceitos básicos que plantam um pilar fixo no chão – é isto que somos, é isto que representamos, é isto que interessa", é componente essencial de uma empresa visionária. É claro que só isto não basta. É preciso mudar com as mudanças.

É preciso buscar o que Collins e Porras chamaram de MA – Metas Audaciosas. Pelo que se vê no estudo e nessas citações, empresas centenárias (ou a caminho dos cem anos) fundamentaram seu sucesso em um conjunto de princípios descobertos, formulados e praticados ao longo do tempo. A descoberta vinha de crenças e convicções de líderes-empresários sobre o papel da empresa e sobre como lidar com os desafios (e soluções) em cada época. Tomemos como exemplo dois casos marcantes em termos de filosofia empresarial no desenvolvimento da indústria automobilística muito relevantes na chamada era industrial, a Ford e a Toyota.

Como diz Snow[3], Henry Ford "introduziu a inovação que criou a necessidade". O próprio Ford dizia "claro que não há demanda para um produto que não existe". O automóvel era então uma grande novidade. E Ford queria democratizar o acesso ao carro e introduziu inovações surpreendentes, radicais mesmo:

- o Ford T, padronizado, preto, o famoso Ford Bigode, como ficou conhecido no Brasil;
- um novo modo de produção, a linha de montagem, que mudou o mundo com produção em massa e ganhos de escala;
- corte radical de preços, contrariando inclusive seus sócios que queriam aumentá-los (no final de sua produção em 1927, o modelo estava a 295 dólares e a Ford tinha vendido 15 milhões de unidades!);
- salários dobrados de 2,50 para 5 dólares por dia, transformando seus próprios empregados em compradores, já que a Ford tinha então 50 mil empregados. Para se ter uma ideia da controvérsia em torno desta decisão, o *Wall Street Journal* acusou Ford de *"tentar destruir o capitalismo com filantropia"*.

Achava que acionistas não deveriam receber dividendos, outra de suas contradições capitalistas. Eis aí um conjunto de princípios e con-

---

[3] SNOW, R. *Henry Ford, o homem que inventou o consumo.* São Paulo: Saraiva, 2014.

vicções que quebram paradigmas e produzem inovações ousadas com resultados extraordinários. Mas, também, o exemplo de Ford é ilustrativo de ousadias empreendedoras de alto risco. Snow diz claramente que o *"sucesso estrondoso de Ford lhe deu a ilusão de que podia fazer tudo e isto o levou a várias ideias desastrosas"*. Quanto mais rico e bem-sucedido, menos tolerante ele ficava às limitações. Pretendeu, então, controlar todas as etapas da produção. Tornou-se dono de minas, fábricas de vidro, etc. Entrou no projeto da "Fordlândia" no Brasil, em pleno Amazonas, para livrar-se da dependência da borracha produzida pelos britânicos na Ásia. Não aceitava contestações nesta fase. Demitiu homens-chave, como no caso de Willian Knudsen, que, no ano seguinte (1922), foi contratado pela General Motors. O impacto, com a criação da Chevrolet, tirou a liderança da Ford. Essa conduta é ilustrativa do que propus caracterizar, lá atrás, como a síndrome da adrenalina empreendedora onipotente.

Não é tão simples e linear ir de um empreendimento de alto impacto a uma empresa de sucesso duradouro. A Ford já passou dos 100 anos.

Mas também – que fique claro – ao longo do tempo não é sempre que uma empresa é um exemplo inatacável na prática de sua apregoada filosofia. Há transgressões, há condutas não condizentes com os princípios. E há crises, duras e difíceis, a pôr em dúvida a observância dos princípios. E, por vezes, a saída da crise foi exatamente um retorno aos princípios fundamentais. A própria Ford, nos anos 80, tomou este caminho incomum. Em um tempo de crise tão profunda, como dizem Collins e Porras, parou para esclarecer os princípios que a orientavam. Segundo Robert Shook[4], *"às vezes as discussões... mais pareciam uma aula de filosofia do que uma reunião de negócios"*.

Vejamos o caso da Toyota, também tratando de um momento de crise na empresa e de observância dos princípios fundamentais. Liker e Ogden[5] informam que a Toyota foi fundada na década de 1890, no Japão rural, como a fábrica de teares automáticos Toyota. A companhia automotiva surge "literalmente reconstruída das cinzas" após a Segunda

---

4   SHOOK, R. L. *Turn Around: The New Ford Motor Company.* New York: Prentice Hall, 1990.
5   LIKER, J.; OGDEN, T. *A crise da Toyota.* Porto Alegre: Bookman, 2012.

Guerra Mundial. A trajetória da Toyota é impressionante. Saindo deste período de quase falência, ela se revelou incrivelmente resiliente a crises, recessões, desafiando ciclos de negócios e tornando-se emblemática de um sucesso continuado, crescendo e prosperando, com produtos de alta qualidade e processos muito eficientes. Um momento crucial desta trajetória – que chegou a colocar em dúvida a consistência da Toyota e seus produtos – foi a crise derivada dos problemas nos freios da marca em 2009, nos Estados Unidos, como relatam Liker e Ogden. Um veículo Lexus alugado acelerava descontroladamente por uma rodovia. O carro bateu e seus quatro ocupantes morreram.

Nestes tempos de internet, disseminou-se rapidamente uma imagem de insegurança com os carros da marca, ainda mais agravada quando se viu que o condutor do veículo, Mark Saylor, era um veterano policial rodoviário.

No entanto, um estudo feito pela *National Highway Transportation Safety Administration* contrariou as versões que circulavam sobre a causa do problema. A conclusão foi assim resumida pelo secretário de Transportes norte-americano, Ray LaHood: *"Eis o veredito: não há qualquer causa eletrônica para a aceleração não intencional em alta velocidade em Toyotas. Ponto final"*. A causa teria sido o tapete que se enrolou no pedal do acelerador. A locadora havia colocado um tapete erradamente, sem fixá-lo bem. Crises desta magnitude são aquelas realmente reveladoras de quem adota princípios "para valer" e de quem passa a agir segundo as tempestades e conveniências do dia.

E qual foi, segundo Liker e Ogden, a postura fundamental da Toyota neste período? Demissão e substituição de executivos? Não, ninguém foi demitido. Tampouco foi implantado qualquer programa radical de gestão de crise e de comunicação dirigido por executivos recém-contratados ou transferidos, com ideias renovadoras. E não se buscou jogar problemas "para debaixo do tapete". A empresa encarou suas perdas e o impacto na sua reputação. Reconheceu que haviam perdido o foco intenso na compreensão dos clientes e na demora em respostas, fruto do crescimento, burocracia e decisões tomadas à distância, no Japão. O que de fato precisava ser ressaltado é que toda a ação da empresa revisitava e tomava por base a filosofia e a cultura conhecida como Modelo Toyota.

O Modelo Toyota, explicam Liker e Ogden, "é uma **filosofia** *muito profunda... porém os conceitos básicos são bastante claros: encare os desafios com uma mente limpa e energia positiva. Aferre-se aos seus valores fundamentais e sua visão para a companhia. Sempre comece pelo cliente. Compreenda o problema... analise os fatos... suas próprias falhas... entenda as causas raízes... desenvolva soluções alternativas, escolha o caminho, desenvolva um plano e execute-o com disciplina e energia*". E adiante... "*Para se conseguir a melhoria contínua é preciso que todos estejam ao mesmo tempo pensando e fazendo... É o esforço combinado de centenas de milhares de pessoas por todo o globo, que estão altamente motivadas e preparadas para checar, perguntar, desafiar e aprimorar, que fez da Toyota uma competidora tão poderosa*". Lembremo-nos que ao final de 2007, antes da crise dos freios, a Toyota era um modelo a ser perseguido, lucrativa continuamente por quase 50 anos e com extraordinário registro de qualidade e satisfação dos clientes. E continuou sendo, embora nem sempre concorrentes que buscaram entender e replicar suas práticas tenham sido bem-sucedidos. É claro: não se trata de "copiar" certos instrumentos e técnicas. A questão por trás do seu *know-how* é uma filosofia profunda, praticada constantemente por décadas, com crises e sem crises, entranhada na cultura da organização.

No seu famoso best-seller do início dos anos 80[6], em um contraponto à teoria X e Y de McGregor e analisando o sucesso das empresas japonesas, disse Willian Ouchi:

> "*A base de qualquer empresa Z é a sua* **filosofia**. *Na medida em que as decisões forem tomadas com base em um conjunto de* **princípios coerentes e integrados**, *elas têm maior probabilidades de êxito a longo prazo. Uma filosofia pode ajudar uma Organização a manter seu sentido de singularidade ao declarar o que é, e o que não é importante...*".

---

6   OUCHI, W. *Teoria Z*: como as empresas enfrentam o desafio japonês. São Paulo: Fundo Educativo Brasileiro, 1982.

Estou aqui a mencionar a década de 80 e a relatar casos ainda mais antigos de muitas décadas atrás e até mesmo do século XIX, cujos negócios estão lastreados em princípios fortes, mobilizadores e praticados.

Então o que há de novo com uma filosofia empresarial?

Para responder a esta questão, temos que passar, necessariamente, pelo estágio de maturidade na consistência e prática dos princípios, da filosofia, em uma dada empresa.

O impacto da inovação será maior ou menor, a depender desta condição. Digamos que sua empresa resolva encarar essa questão – sua filosofia de negócios e gestão – e lança-se a este projeto. Vi, pela vida afora, diferentes estágios de amadurecimento dessa questão nas empresas. Analisemos estes que aparecem com certa frequência:

1) "Nunca pensamos nisso, não temos nada escrito a respeito e nunca achamos que isto poderia ser importante"

Tenham ou não sido "trabalhados" e comunicados, princípios existem, na medida em que situações delicadas – por exemplo, sobre por que e para que existe a empresa, sobre a conduta com clientes, sobre efeitos da empresa na comunidade, sobre pessoas que lá trabalham – são decididas de determinadas formas ao longo do tempo. Se o tomador final das decisões mais importantes é o sr. João (personagem fictício aqui usado para representar a(s) liderança(s) principal(is) da empresa), suas crenças e convicções são a "filosofia". Falta reflexão, aprofundamento e adoção consciente de princípios, mas a reiteração de condutas e atitudes leva a perceber os princípios subjacentes.

As crenças e convicções do sr. João cobrem todos os aspectos e desafios relevantes agora? Provavelmente não. As pessoas que atuam diretamente nos casos que surgem estão convencidas? São comunicadas sobre os "porquês" de certa decisão? Muito pouco provável, já que nada foi debatido, nada é escrito e nenhum esforço de comunicação e acompanhamento existe. Temas críticos no século XXI, como novas "arquiteturas" de modelos de gestão, inovação, questões socioambientais e outras estão na pauta das convicções do sr. João? O que acontecerá quando da aposentadoria, da sua sucessão? Há sucessor(es) que comunga das mesmas ideias? Ou alguns deles as consideram ultrapassadas? O que pode ocorrer se a visão de mundo do sr. João for muito estreita e focada estritamente em, digamos, princípios pragmáticos, imediatistas, ao estilo "feche o negócio ainda que o cliente depois fique insatisfeito", "o negócio é lucro no fim do mês", "cuide desse pessoal indolente, faça-os trabalhar" e por aí vai. Exatamente o contrário do que Collins e Porras dizem: empresas visionárias incorporam ideais nobres na sua filosofia. A visão do sr. João pode ter produzido os resultados que ele considerava bons durante certo tempo. Mas podem vir a se tornar o caminho do desastre pela sua inadequação a novas circunstâncias.

Em algum ponto pode tornar-se necessária uma discussão ampliada, aberta, com o resgate da história e o que há na cultura, o que deu certo e o que ainda está (ou não) funcionando. Isto poderá resultar em princípios que iluminarão os caminhos como verdadeiros "geradores de inovação". Não digo que seja fácil. A dificuldade de tratar da filosofia empresarial já começa pela própria negação preconceituosa sobre o tema. Como disse um participante do painel sobre inovações na gestão a que já me referi:

"Filosofia? Filosofia trata de temas etéreos, muito abstratos... e temos diante de nós, nas empresas, diariamente, desafios muito concretos, duros, de uma realidade chocante..."

É verdade. Os desafios na vida empresarial exigem um esforço prático enorme e frequentemente são muito duros. Mas isso não muda o fato de que a filosofia, além de relevante, está inserida na nossa vida diária. Embora possamos denominá-la por quaisquer outros termos, o fato é que todos nós temos crenças filosóficas. Supomos que o passado é um bom guia para o futuro. Podemos acreditar que somos seres meramente materiais ou, ao contrário, que somos dotados de almas imortais. Temos nossas convicções sobre o que é o certo e o errado, moralmente. Temos convicções sobre o conhecimento e suas bases. Temos convicções sobre o que é, para nós, uma vida correta. Qualquer um de nós, atuando como um empresário também tem suas crenças filosóficas. E esteja certo: elas incluem os fundamentos sobre a empresa e têm grande impacto sobre os processos de gestão, a vida diária de quem é atendido por essa empresa, de quem lá trabalha, de fornecedores, da comunidade. Ou seja: filosofias nas empresas de alguma forma existem. A questão é que, provavelmente, podem não ter sido debatidas, não se avaliou completamente seus efeitos nos negócios e na gestão, ou são chamadas de qualquer outra coisa, já que filosofia soa "algo etéreo". Perde-se a força de uma poderosa e mobilizadora orientação.

2) "Temos que acreditar em Deus e ser ateus ao mesmo tempo"

Esta é uma situação que produz muito atrito e pouca energia: sócios e dirigentes que primam pela divergência. Polos de poder relevantes que pensam, agem e, pior, orientam gestores e equipes das áreas de forma absolutamente contraditória e divergente sobre propósitos da empresa, condutas com clientes, qualidade e atuação das pessoas, etc. Um exemplo que vi acontecer: o **mesmo** gerente recebe, no **mesmo** dia, orientações absolutamente díspares em torno de princípios que serão decisivos na reunião de amanhã com clientes importantes. Cria-se uma situação de paralisia. Dificilmente quaisquer projetos novos andam. Há muito desgaste e um contexto conflitivo predomina. Aqui a questão é do campo da política, e há que se resolver, primeiramente, pela negociação e consenso e/ou pelo predomínio de determinado polo de poder. Aquele da crença em Deus, ou aquele do ateísmo. Seja pela reorganização dos papéis na cúpula, seja por novos arranjos societários, seja por uma (difícil, mas não impossível) melhor compreensão e aceitação de visões entre polos que divergiam. Dificilmente inovações surgirão ou perdurarão até que haja uma orientação uniforme, comum.

3) "Temos um conjunto sólido de princípios – sistematicamente comunicado, entendido e praticado – e que venceu o teste do tempo"

Ainda assim mostra-se muito útil questionar esses fundamentos, revisitá-los e, sendo necessário, ajustá-los e complementá-los. Collins e Porras referem-se à descoberta de princípios eternos. Prefiro falar em princípios "eternos enquanto durem". E durar, nesse caso, significa estar em sintonia com os tempos em que se vive.

Em que medida esses princípios cobrem, lidam bem, são coerentes com os desafios do século XXI? Como diz Gary Hamel[7], *"O ambiente que as empresas do século XXI enfrentam é mais volátil que nunca"*. Haque alerta: *"aquilo que impulsionava a prosperidade do século XX não irá – e não tem como – impulsionar a prosperidade do século XXI"*.

É preciso ver então, se estes "princípios sólidos" não têm inadequações e lacunas diante dos cenários e desafios do século XXI. Ou se eles geram condutas e sustentam práticas que só faziam sentido lá atrás, mas não agora. Só para exemplificar, tomemos o caso da inovação em gestão.

Diz Gary Hamel, *"a maior parte da gestão moderna... foi criada por pessoas nascidas no século XIX"*. E prossegue adiante, dizendo que os princípios adotados "foram explicados no início do século XX por um grupo de pensadores de gestão – indivíduos como Henry Fayol, Lyndall Urwick, Luther Gulick e Max Weber. Embora cada um desses teóricos tivesse **uma visão diferente sobre o fundamento filosófico da gest**ão moderna, todos concordavam sobre esses princípios (padronização, especialização de tarefas e funções, hierarquia, alinhamento de objetivos, entre outros), *"já que todos trabalhavam para resolver o mesmo problema: como maximizar a eficiência... em organizações de grande porte"*. Qual é o risco que daí decorre para as empresas no desdobrar deste século XXI?

É o da empresa tentar enfrentar uma época de **mudanças dramáticas e de extrema volatilidade** com um modelo de gestão embolorado que, em larga medida, apoia-se em princípios ainda fortemente influenciados pelos desafios do início do século XX. É um caminho, quase certo,

---

[7] HAMEL, G. *O futuro da administração*. São Paulo: Elsevier, 2008.

para o insucesso. Por mais profundas e radicais que sejam as mudanças, é preciso tentar entender em que "direção os ventos sopram" (pense, por exemplo, sobre a evolução das tensões e pressões sobre a questão ambiental neste século). Fruto desta leitura sobre o sentido da mudança é preciso ter coragem de repensar, rever princípios e colocá-los em prática. Sua empresa é bem sucedida há anos e já vinha com uma filosofia coerente, clara, entendida e praticada? É bem possível que a "espinha dorsal" destes princípios permaneça, não requeira ajustes. Afinal, estamos tratando de fundamentos básicos do negócio e da instituição que o opera e não de introduzir este ou aquele novo conceito ou técnica gerencial. Mas podem surgir lacunas ou questões centrais que, cobertas pelos princípios antes formulados, tornaram-se obsoletas ou fora de contexto, o que poderia tornar-se desastroso. Se sua empresa veio lá de um forte crescimento a partir de um empreendimento inovador de impacto e superou crises, é hora de fortalecê-la. Já vem com princípios sólidos? Ótimo. Algum aperfeiçoamento é necessário? Faça-o. Se já se trata de uma empresa de sucesso continuado há vários anos ou décadas, é preciso assim prosseguir.

Na medida, então, que este conjunto de princípios macro são coerentes e efetivamente vivenciados no dia a dia, uma verdadeira usina de inovações será acionada. Eis alguns poucos exemplos:

- A empresa compromete-se a entregar aos clientes um valor integral, bom para sua vida como um todo? O que é preciso acontecer, melhorar, inovar, na linha de produtos, nas pesquisas, no desenvolvimento de produtos, na comunicação?

- A empresa assume uma postura clara, transparente e ousada com relação ao meio ambiente e a danos ambientais? Como isto será gerenciado e como a empresa fará isto acontecer? Partirá para amplo reaproveitamento de produtos? Isto há de ser pensado desde o projeto de produtos, os materiais empregados, envolverá novos processos de produção, logística, etc.

Enfim, cada grande princípio exigirá fortes inovações, se a ideia é fazer com que eles de fato aconteçam no mundo real.

Mas, muito além de cada um dos três estágios abordados e de algumas inovações específicas, a filosofia estabelecida poderá levar a uma mudança profunda, um completo repensamento do modelo de gestão. A julgar pelo que dizem Deming e Senge[8], é o que precisa ser feito.

Deming é cáustico com *"nosso sistema de administração predominante que destruiu as pessoas"* e mostra-se desencantado com sua própria criação, quando diz ter parado de usar a Gestão da Qualidade Total. Acha que ela havia se transformado em um rótulo superficial de ferramentas e técnicas e que a verdadeira *"transformação do sistema predominante de administração estava além dos objetivos de administradores que só pensam em melhorias de desempenho a curto prazo"*. E Senge ratifica e complementa *"os defeitos do sistema de gerenciamento tradicional... esse estado perpétuo de apagar incêndios... esse ritmo louco e esse caos também solapam a construção de culturas baseadas em valores e abrem as portas para golpes de oportunistas em busca de poder ou dinheiro"*.

A filosofia envolve a descoberta de princípios primordiais, as leis fundamentais que explicam o mundo ao nosso redor. É o que igualmente ocorre com a filosofia da organização. Ela envolve descobrir, articular e viver os princípios fundamentais. E vivê-los significa **mudar**, inovar o que for necessário, para que os princípios sejam postos em **prática.**

O que poderá até mesmo exigir uma completa e inovadora concepção do modelo de gestão, mudanças e inovações do modelo de negócio ou de operação.

---

8   SENGE, P. *A quinta disciplina:* arte e prática da organização que aprende. 29. ed. Rio de Janeiro: BestSeller, 2013. Senge solicitou uma visão de Deming sobre esta sua obra e se disse surpreso ao receber seus comentários, já que, segundo ele próprio, era um escritor iniciante e que sequer conhecia Deming pessoalmente.

Capítulo 9

UMA AGENDA DE DISCUSSÃO SOBRE A FILOSOFIA EMPRESARIAL

Alguns dos temas fundamentais

Uma eventual tentativa de identificar, discutir e apresentar uma proposta de caráter genérico, uma filosofia empresarial aplicável a qualquer tipo de negócio/empresa, seria absurda. Os negócios são muito diferentes uns dos outros. As empresas do mesmo ramo de negócios também são muito diferentes entre si. Os empresários que as fizeram, suas histórias de vida, suas convicções são as mais diversas. Há, no entanto, uma agenda de questões, de temas relativos a estes princípios fundamentais. Essa agenda há de cobrir os temas centrais da existência de uma empresa, da sua razão de ser e das suas relações com atores fundamentais que são por ela atendidos ou afetados. Em cada um destes temas cabe discutir princípios a eles inerentes e também, por que não, medidas práticas, possíveis soluções para convertê-los em ações concretas. É o que proponho em seguida. Identificar temas e suas questões de princípios, procurando discutir seus fundamentos e possíveis cursos de ação para pô-los em prática efetivamente. Identifico a seguir 10 destes temas centrais. Para cada um deles levanto algumas questões – *thought starters* – relativas aos princípios a eles relacionados. É claro que não há nenhuma lista que possa englobar todas as questões de princípios nos negócios e na vida empresarial. Outros temas que não abordei poderão ser relevantes em determinado setor ou tipo de negócio. O leitor deles lembrará e os adicionará. Para cada um destes temas e das questões que ele suscita, procurei alinhavar alguns argumentos, clarificar conceitos e trazer alguns casos. São estes os dez temas:

1. Missão, propósito, significado

2. *Stakeholders* e responsabilidades empresariais

3. Sucesso empresarial

4. Clientes e utilidades

5. Pessoas

6. Inovação

7. Resultados socioambientais

8. Posturas na cadeia de suprimento

9. Conduta ética e moral

10. Valores coerentes praticados

1) *Missão, propósito, significado*

> Por que e para que existe esta empresa?
> Qual é nossa razão de ser?
> Qual é nossa causa, pelo que lutamos?

Estas são questões que remetem ao "âmago existencial" da empresa. Frequentemente as respostas a essas questões são tratadas no planejamento estratégico sob os conceitos de visão e missão. Nem sempre resultam, como deveriam, de um profundo mergulho e na mais genuína convicção sobre "por que, para que e para quem existe esta empresa". Eis um caso: no início dos anos 90, em uma intervenção de consultoria que iniciava, li na antessala em que aguardava o início de uma primeira reunião aquele nosso conhecido quadro que descreve a missão, a visão e os valores da empresa. Perguntei sobre a origem daquelas definições. Queria saber se, fruto de um esforço de planejamento estratégico mais amplo, já não teríamos aí um ponto de partida para refletir sobre os negócios da empresa e sua gestão. A resposta foi entre o cômico e o trágico: "Não, não temos um plano estratégico definido... é que vi esta descrição sobre a missão em um concorrente, achei muito boa e me inspirei nela para escrever esta".

A missão tem que significar a razão de ser, do porquê e para que estamos trabalhando. Quando incorporada de fato à vida da empresa (é o que precisa acontecer) a missão (1) resulta de um verdadeiro mergulho nas raízes da empresa, na sua história, na sua vocação original e (2) está presente nas mais variadas atividades, dando-lhes significado, mostrando para que elas servem. É uma definição básica – filosófica – o que viemos fazer, qual o nosso papel nesse mundo? A parte cômica do episódio é a de imaginar que **o seu papel** fundamental nesse mundo é o que seu vizinho está dizendo. A parte trágica é a completa falta de qualquer significado no papel pendurado na parede.

Joey Reiman[1] fala em **propósito** como o que define por que a organização existe. Segundo Reiman, a missão é "o quê", aquilo que fazemos bem; a visão é "aonde", para onde pretendemos ir, e o propósito é o nosso "por quê". E atribui ao propósito a força que deriva da genuína criação de um significado que pode ser compartilhado por todos na organização: "*somos criaturas sempre em busca dos porquês*". Como diz Reiman, "*o propósito do trabalho é trabalhar pelo propósito*". Uma ideia que sintetiza brilhantemente o significado da contribuição de cada um na organização desde que exista um **propósito** claro e entendido por todos.

Gary Hamel enfatiza a importância de uma missão que tenha real significado: "A missão é importante. Durante a gestão de Bill George como Chairman e CEO da Medtronic, maior fabricante mundial de marca-passos cardíacos e desfibriladores implantáveis, a empresa alcançou um retorno anual composto de 32% aos acionistas".

Ao explicar este desempenho extraordinário, George aponta o poder transformacional da missão da empresa: *"Devolver às pessoas vida plena e saúde"*.

---

1 REIMAN, J. *Propósito*: por que ele engaja colaboradores, constrói marcas fortes e empresas poderosas. São Paulo: HSM Editora, 2013.

Este é o significado que envolve e cativa pessoas, a diferença que podemos estar fazendo no mundo. Como diz Hamel, *"sem uma narrativa que crie drama e significado, somos apáticos e sem direção"*.

Uma profunda noção e vivência da missão, do propósito, é relatado por August Turak[2] quando descreve os porquês do sucesso dos negócios dos monges trapistas no mosteiro[3] *Our Lady of Mepkin Abbey*, South Carolina, EUA[4]. Turak, durante 17 anos, tem sido um convidado monástico frequente de *Mepkin Abbey*.

Além do que possa ter conseguido em termos de evolução espiritual, com a concordância dos monges, debruçou-se sobre a seguinte questão: por que os negócios desenvolvidos nos mosteiros trapistas configuram-se como sucessos impressionantes?

A resposta curta e direta, diz Turak, é que os *"monges descobriram um surpreendente segredo: é do nosso próprio interesse, esquecer nosso interesse próprio"*. Paradoxalmente, a razão do sucesso dos negócios de *Mepkin Abbey* é que os monges não se sentem em nenhum negócio. Estão, isto sim, inteiramente comprometidos com uma missão predominante e com uma filosofia de gestão que Turak resume na expressão *"serviço e altruísmo"*. Turak observou que os monges colocam a ênfase nos aspectos qualitativos (ao invés dos quantitativos) do negócio: missão, valores, propósitos, princípios, ética, pessoas. Estão atentos *"fielmente ao dever sagrado que eles têm não somente para com Deus, mas também para com seus clientes, empregados leigos, fornecedores, comunidade local, cada ser humano, o ambiente e a humanidade em geral"*.

Tudo isto se reflete nas filas quilométricas de carros nos portões do Mosteiro de Saint-Sixtus Abbey[5], na Bélgica, na esperança de levar para casa (no máximo 2 caixas) da cerveja lá produzida, que está entre as mais

---

2 TURAK, A. *Business Secrets of the Trappist Monks:* One CEO's Quest for Meaning and Authenticity. New York: Columbia University Press, 2013.
3 Estes mosteiros, desde suas remotas origens em LaTrappe, França, vivem do seu próprio trabalho e produzem, entre outros, produtos como pães, mel, chocolate, queijos, cervejas, roupas. Suas cervejas estão entre as mais famosas e apreciadas do mundo.
4 www.mepkinabbey.org
5 www.sintsixtus.be

admiradas do mundo. Nenhuma publicidade é feita. As garrafas sequer têm rótulos e os monges vendem 60 mil caixas/ano.

E o segredo deste e de outros negócios dos monges trapistas, diz Turak, é capturado pelo que o Irmão Joris, mestre cervejeiro de Saint-Sixtus, disse numa entrevista ao The Wall Street Journal: *"Nós vendemos cerveja para viver e não vice-versa".* Turak sintetizou esta filosofia na expressão serviço e altruísmo, mas considerou que a chave para aplicá-la é a autenticidade. A autenticidade está presente em três aspectos da vida e dos negócios dos monges: (1) uma missão a que vale a pena devotar-se, servir, (2) serem sabedores que negócios e produtos autênticos são **criados por pessoas autênticas** e que a autenticidade não é algo que se aciona ou se desliga conforme as circunstâncias e necessidades e (3) a comunidade – o sucesso dos monges baseia-se na "lubrificação cooperativa" – que somente uma comunidade autêntica pode prover. E não somente intramuros. O abraço comunitário trapista inclui consumidores, pessoas em retiro, vizinhos, comunidade, enfim, todos nós.

É claro que não estou aqui propondo, nem cogitando, que possamos ou devamos tentar transformar nossas empresas em algum tipo de versão do mosteiro trapista. Mencionei o livro de Turak porque acho que cabe nos perguntarmos: como é que tamanho sucesso nos negócios dos monges trapistas se apoia naquilo que pode parecer irrealista ou ingênuo e não se apoia, até mesmo passa por cima, das nossas fórmulas de sucesso nos negócios seculares. E o exemplo dos monges não poderia ser mais ilustrativo de que "**o propósito do trabalho é trabalhar pelo propósito**", na brilhante síntese de Joey Reiman, em *Propósito*.

2) *Stakeholders e responsabilidades empresariais*

> Quem são os afetados pelas condutas da empresa?
> São todos levados em consideração?
> Quais responsabilidades cabe assumir com todos os *stakeholders*?
> (Ou só importam, de fato, os *shareholders*?)

Este é outro aspecto a ser focalizado cuidadosamente e incorporado no dia a dia à gestão dos negócios no século XXI: as partes interessadas no que a empresa faz (ou deixa de fazer) são muitas, como ilustra a figura a seguir. As expectativas e ações desses atores podem afetar, e muito, positiva ou negativamente, a vida, o desempenho, a imagem e a reputação da empresa.

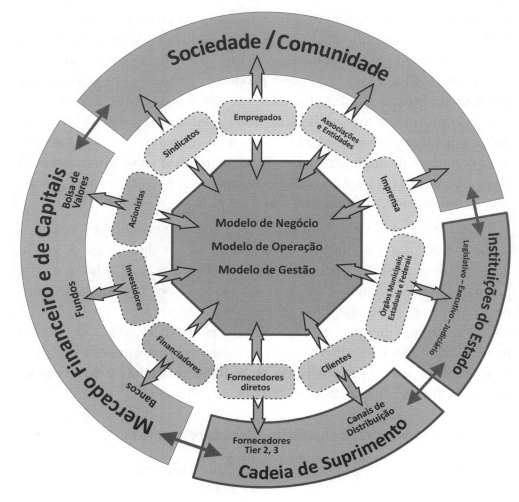

Acionistas podem estar satisfeitos com o retorno sobre seus investimentos. Clientes podem estar felizes com o valor que percebem no que lhes é entregue. Crises com outras partes podem, no entanto, "detonar" esses resultados. Um fornecedor crítico sentindo-se "massacrado" pela

CAPÍTULO 9 — UMA AGENDA DE DISCUSSÃO SOBRE A FILOSOFIA EMPRESARIAL... 125

pressão sobre os preços desiste repentinamente de continuar atendendo e não há como substituí-lo rapidamente. Um escândalo em um contrato com entes estatais coloca a empresa nas páginas policiais. Ou um dano ambiental provoca sanções duras contra a empresa.

Os *stakeholders* próximos e diretamente envolvidos com os negócios e operações têm diferentes expectativas e graus de criticidade para a empresa. Precisam ser considerados, cada qual com suas especificidades:

- clientes;
- agentes na cadeia de suprimentos: fornecedores, operadores logísticos, distribuidores, rede de assistência técnica, etc.;
- pessoas que trabalham na empresa nas mais diversas tarefas e interações com todos esses agentes;
- entidades financeiras: bancos comerciais, bancos de desenvolvimento, investidores, fundos de investimento, etc.;
- acionistas (que podem ser poucos em uma empresa de capital fechado ou milhares, milhões, em uma empresa de capital aberto);
- autoridades e órgãos públicos, órgãos de fiscalização das diversas instâncias de governo.

Mas há outros públicos absolutamente relevantes (frequentemente esquecidos no século XX), mas não envolvidos nas operações do dia a dia:

- A comunidade próxima, onde opera a empresa, e a sociedade, a população do país, a população mundial. Você pode achar exagero, mas é isto. Sim: em um mundo "conectado" a velocidades digitais, seus produtos, suas condutas, a maneira que lida com seus clientes, colaboradores, fornecedores, etc., etc., afeta e é afetada pela sociedade como um todo. Lembre-se: seus funcionários são membros da comunidade. Não cabe mais a conduta "esquizofrênica" de, durante o dia, poluir, jogar lixo industrial em um lixão clandestino e, à noite, veicular o lindo anúncio na TV falando do compromisso social da empresa. Ao assisti-lo em casa com seus familiares e amigos, seu funcionário comentará, ironicamente, que o anúncio não guarda a menor relação com a realidade. Órgãos de imprensa gerais ou especializados no seu

- setor de negócio vão noticiar e comentar o que a sua empresa faz. Comentários ruins vão "bombar" na Internet.

- Organizações não governamentais, organizações da sociedade civil vão pressionar e cobrar cada vez mais. Estão aí já atuando nos mais variados aspectos da vida empresarial: ONGs que defendem o ambiente, clientes, alimentos saudáveis, etc., etc.

As práticas do seu modelo de negócio, do modelo de operação e do modelo de gestão serão decisivas para produzir resultados (intencionais ou não), benéficos ou maléficos para todos esses públicos. E isso não se resolve por este ou aquele anúncio, ou pela seção "Responsabilidade social e ambiental do Relatório Anual", mas sim por um compromisso genuíno. E pelo gerenciamento das ações que garantam resultados efetivos. Na melhoria dos efeitos econômico-sociais indesejáveis. Há que buscar esta solidez das ações diárias nos princípios fundamentais, na filosofia empresarial. É preciso pensar em termos de um "balanço de resultados", isto é, como a busca de determinado resultado voltado para determinado *stakeholder* afeta outros resultados/*stakeholders*. Isto passa pela visão que se tem dos resultados empresariais desejados, pela ideia que se tem do que vem a ser o sucesso empresarial. Se seus produtos vendem bem, mas sua produção polui muito, os clientes poderão abandoná-lo quando souberem. Se você ainda prossegue com um único foco – lucro imediato/retorno otimizado, para o **shareholder** significa que todos os demais **stakeholders** – clientes, fornecedores, colaboradores, comunidade, sociedade – estão fora do foco. Se você está fotografando um jardim e põe foco unicamente na rosa, o restante do jardim está fora do foco. Talvez a empresa e seus acionistas ganhem um bom dinheiro. Até quando? Não sou adivinho, mas tendo a pensar que os ventos que sopram no século XXI não vão ser favoráveis a esta postura. O que significa que os princípios que lastreiam e fundamentam a atuação empresarial (1) reconhecem os efeitos, intencionais ou não, em todas as partes interessadas e (2) responsabilizam-se por buscar um saldo bastante positivo para a sociedade como um todo. Uma empresa, enfim, comprometida em contribuir para um mundo melhor.

3) Sucesso empresarial

> Que resultados são almejados?
> O que significa para sua empresa o sucesso?
> Para quem é gerado esse sucesso?
> Há resultados, ainda que não intencionais,
> que afetam determinados *stakeholders*?

Resultados – focos prioritários, definição de resultados a alcançar e sua mensuração – têm origem na cabeça de empresários e dirigentes, nas suas convicções, crenças, valores, visões do que é uma empresa bem-sucedida. E aí põe-se o esforço organizacional a serviço do que se considera o sucesso, os resultados prioritários mais relevantes! E, por vezes, "atropelando" outros resultados:

- Lucro e retorno ao acionista é um resultado importante?
- Claro que sim, em especial com uma correta visão do que é o lucro, a remuneração do capital e do risco. Mas isso não significa que devemos atropelar e deteriorar outros campos de resultados, como tecnologia, clientes, pessoas.
- Clientes conquistados e satisfeitos que podem nos proporcionar crescentes volumes de vendas, melhor share de mercado, além de reforçar a nossa imagem, são um bom resultado? Claro que sim. Mas isto não poderá requerer esforços, por exemplo, na área de serviços a clientes, com custos e despesas que reduzem o lucro a curto prazo?
- Inovações introduzidas – que podem ser a base do bom desempenho com clientes – não podem igualmente ter o mesmo efeito quanto a custos e despesas?

Campos de resultados são potencialmente contraditórios entre si ao longo do tempo. Um forte esforço de inovações ou mercadológico pode afetar o desempenho econômico deste exercício e melhorar muito os próximos. Por isto, mesmo em uma concepção tida como essencialmente pragmática – "estamos aqui para ganhar dinheiro e para isto é que fazemos bons produtos e conquistamos clientes" – é preciso ponderar efeitos em outros campos de resultados (tecnologia incorporada, pessoal capacitado e motivado, inovações introduzidas, etc.). É preciso equilibrar visões sobre os resultados. O *Balanced Scorecard*[6] é ferramenta conhecida nesse sentido.

E quanto a efeitos da ação da empresa para a comunidade, a sociedade? A depender da visão sobre *stakeholders*, responsabilidades e resultados, estas questões vão ser simplesmente ignoradas. Ou, ao contrário, a empresa compromete-se também com este tipo de resultado.

O segundo aspecto é ainda mais crítico (e controverso): tratar de incorporar ao Modelo de Gestão, sistematicamente, o âmbito dos resultados socioeconômico-ambientais, cujos malefícios doravante são cada vez mais inaceitáveis para a sociedade, para as pessoas, para a comunidade, para as futuras gerações – produtos que fazem mal à saúde, poluição, danos ambientais, etc. No século XX, era comum a situação em que o melhor para o resultado financeiro – até de forma não deliberada e consciente – por vezes era o pior para as pessoas, comunidades e sociedade. Haque, já citado, torna claro, com estas perguntas os efeitos dessa postura:

> *"De que adianta uma indústria de energia que destrói a atmosfera? De que adianta uma indústria de mídia que, com anúncios persistentemente intrusivos e cada vez mais difusos, polui a "infosfera"? De que adianta uma produção que consome a natureza? De que adiantam bancos que causam uma exaustão catastrófica dos recursos financeiros? De que adianta uma indústria de alimentos que gera uma epidemia de obesidade? De que adianta uma indústria de vestuário que produz roupas sem graça, em condições de trabalho monótonas e sem alegria? De que adiantam calçados esportivos que não deixam as pessoas em melhor forma física?"*

---

[6] O BSC (Balanced Scorecard), criado por Robert Kaplan e David Norton, da Harvard Business School, em 1992, é um sistema de apoio à gestão estratégica e ao planejamento, mensuração e avaliação de resultados. Como o próprio nome indica (indicadores balanceados de desempenho), ele reflete objetivos de curto e longo prazo, entre aspectos internos e externos e entre resultados financeiros e não financeiros. Assim, o BSC focaliza-se em cinco perspectivas: financeira, clientes, processos, aprendizado e crescimento. Para maior aprofundamento, ver *A estratégia em ação*, de Kaplan e Norton, Editora Campus, 2003.

CAPÍTULO 9 — UMA AGENDA DE DISCUSSÃO SOBRE A FILOSOFIA EMPRESARIAL...

Não se trata aqui de "corrigir algumas distorções". Trata-se, isto sim, de acreditar que empresários conscientes podem fazer a diferença neste mundo e que eles existem e que serão cada vez em maior número no século XXI. Estarei sendo otimista demais? Há outras pessoas com uma visão otimista nesta direção. Philip Kotler – o prestigiado professor emérito de Marketing Internacional da *Kellogg School of Management* – diz na apresentação do livro *Propósito*, já citado:

> *"O autor e eu, juntamente com outros, agora anunciamos os benefícios que as organizações são capazes de agregar à sociedade quando creem em sua maior responsabilidade no mundo. Essas marcas e empresas de propósito transformarão, de fato, a sociedade, e por meio do poder dos negócios, vão mitigar as mazelas do mundo como a fome, a pobreza, a injustiça e a degradação do meio ambiente. Nenhum outro setor da sociedade tem os meios para fazer isto".*

4) *Clientes e utilidades*[7]

> Quem é e como é encarado o cliente?
> Que soluções para as necessidades, desejos, motivações, melhorias, sua empresa proporciona aos seus clientes, através de seus produtos/serviços?
> Os clientes, de fato, veem e reconhecem este valor que sua empresa considera estar proporcionando?

Você sabe o que seus clientes desejam? Ah, sua empresa fez uma pesquisa durante dois meses junto aos clientes e nestes últimos três meses vocês fizeram uma completa avaliação dos resultados e revisitaram e aperfeiçoaram a "proposição de valor" e a estratégia de comunicação com o público-alvo? Você acredita que a pesquisa realmente "capta" o que vai

---

[7] O conceito de utilidade foi desenvolvido por Nélio Arantes em *Empresas válidas*, Editora Évora, 2012. Diz, em essência, que "produto é o que a fábrica faz, utilidade é a contribuição do produto para a satisfação de necessidades do cliente".

na alma do cliente? Ou será que ele fala mais do que achou ruim, insatisfatório? Será que, em função das características intrínsecas do produto/serviço, ele sabe o que seria melhor para ele? E você acha que será eficaz dizer, de cima para baixo, o que é valor para eles e, assim, eles estarão convencidos? E isso já tomou cinco meses? Nesse tempo, concorrentes ágeis já não saíram com inovações que surpreendem? Vocês vêm perdendo "share" de mercado para algum concorrente?

Não me parece que o esquema de trabalho implícito neste suposto diálogo possa funcionar. Não há como formular "monólogos sobre o valor", de dentro para fora, convencendo clientes. E muito menos cabe à empresa dizer o que é o valor para o cliente, com base em pesquisas que buscam uniformizar o que não é uniforme, os clientes. Como deixa absolutamente claro José Carlos Teixeira Moreira, em *Usina de valor*, já citado:

> *"Valor se tornou uma maneira mais elegante de se dizer preço... um paradoxo... se algo tem valor para uma pessoa, o preço é um mero detalhe, colocado segundo as melhores pesquisas, em sétimo lugar nas suas prioridades... Valor se mostra como aquilo pelo qual a nossa vida no dia a dia ganha sentido e assegura a nossa singularidade de protagonistas de nossa própria existência... Em outras palavras **só eu sei se algo tem valor para mim**".*

Por aí já dá para se perceber o desastre que acontece quando alguém trata assim o nosso papel, a nossa história, e passa a nos dizer o quanto de valor tem aquilo para nós. E mais: é difícil para qualquer um de nós explicar, falar sobre o que é o valor para nós. Antes de mais nada, o valor está no que se sente. Só o cliente pode atribuir valor ao produto e/ou serviço que lhe é ofertado. E não se trata do que ele fala, mas sim do que ele percebe intimamente, do que ele sente.

O caminho, então, nos diz José Carlos T. Moreira, não é o foco **no** cliente, mas sim o foco **do** cliente.

> *"A paisagem que o cliente deslumbra... um olhar a partir do que ele vê... e que, embora não saiba descrever... resume pistas riquíssimas para aqueles que, atentos, olhando para onde o cliente olha, podem antecipar muita coisa importante... manter-se no foco do cliente nos revela a paisagem que seus olhos e sentidos registram... uma base sutil para delinear suas verdadeiras necessidades."*

Não se trata, então, de produtos (e os serviços a eles agregados), que a nossa empresa julga que tem tal e tal valor para o cliente. Trata-se, sim, de passar do produto à utilidade.

> *"Uma utilidade é aquilo que o cliente espera, através do valor percebido, o que leva em conta o estágio, a cultura, o entendimento e, acima de tudo, a percepção do cliente diante dos seus desafios"*, complementa Moreira.

Manter-se atento ao foco **do** cliente de maneira sistemática e constante e não "espasmodicamente". Prover-lhe **utilidade**. E com muita agilidade. Eis alguns pilares, alguns princípios fundamentais, ajustados ao século XXI, no que tange a este personagem que é nada mais nada menos do que a base para que uma empresa continue existindo, crescendo e prosperando: **o cliente.**

Buscando captar, com extrema agilidade, os sentimentos e desejos dos clientes, há o caso da *Threadless*, relatado por Haque, empresa do ramo do vestuário cuja grande ideia foi, *"qualquer pessoa pode enviar designs para camisetas e, então, qualquer pessoa pode votar nos designs que mais gosta"*. Os dez modelos mais bem votados são produzidos semanalmente e os *designers* recebem uma taxa pela criação. A *Threadless* tornou-se campeã em responsividade no foco **do** cliente: *"responder a mudanças se tornou, para ela, um reflexo sem esforço"*. O sucesso foi enorme. Lembremo-nos da suposta empresa do início do tópico: cinco meses para ela dizer aos clientes o que eles **devem** querer! Como poderia concorrer com a *Threadless*?

Quando lá atrás pensamos em negócio como um triângulo, o que concluímos? Vimos que no vértice superior do triângulo, o cliente é que aciona – se e quando ele percebe valor real no que lhe é ofertado – o fechamento de um negócio. Gostou do produto/serviço, pagou e levou. Assim os dois outros vértices também requerem atenção e balizamento dos princípios fundamentais. Produtos e/ou serviços – utilidades – no século XXI têm que fazer a diferença para as pessoas (e não meramente serem diferentes) e para a sociedade. Trata-se de buscar a diferença para as pessoas e não simplesmente a diferenciação.

E o terceiro vértice, preço, e daí o lucro e o retorno não são finalidades em si mesmos, mas sim uma retribuição, um reconhecimento, uma recompensa que resulta de oferecer e prover benefícios efetivos aos clientes nos termos que mais importam para eles. Portanto, práticas comuns do século XX, creio, serão cada vez menos eficazes:

- diferenciações superficiais de produtos, irrelevantes, alardeadas por maciça propaganda;
- publicidade com apelos do tipo "nossa bebida (cerveja, drink, refrigerante, etc.) vai fazer com que você conquiste as mais maravilhosas mulheres";
- prender, fidelizar à força, pelos mais variados esquemas, o cliente ao produto/serviço (contratos, assistência técnica, bônus, etc.);
- práticas oportunistas de preços e competição (cartéis, licitações combinadas, ofertas especiais, etc.).

Tratar-se-á cada vez mais de produtos/serviços que contemplem benefícios, em uma visão integral, às pessoas e que não signifiquem, pelo contrário, danos à natureza, às comunidades, à sociedade e às gerações futuras: o que me remeteu a Wilber, extraordinário cientista, filósofo e pensador norte-americano contemporâneo, que formulou e vem aprofundando em sua vasta obra[8] uma visão integral ou teoria integral. Nela, ele

---

8   Algumas das obras de Wilber são: *O espectro da consciência* (1977), *O projeto Atman* (1980), *Transformações da consciência* (1986), *Sex, Ecology, Spirituality*: The Spirit of Evolution (1995, ainda não traduzido para o português), *Uma breve história de tudo* (2000), *Psicologia integral* (2000), *Espiritualidade integral* (2006), *Boomerite*: um romance que tornará você livre (2005), *A prática da vida integral* (2008).

integra conhecimentos das mais variadas fontes – física, biologia, teoria de sistemas, antropologia, psicologia, filosofia, artes, escolas espiritualistas – partindo de um pressuposto que faz sentido: os cientistas e pensadores de ponta, via de regra, estão corretos, porém, parcialmente corretos.

Na sua impressionante articulação, discussão e aprofundamento de conhecimentos "parcialmente corretos", Wilber cria um todo coerente, uma visão integral. Assim, olha o ser humano integrando várias perspectivas: a evolução e o desenvolvimento da consciência, as linhas de conhecimento (cognitiva, emocional, moral cartesiana, etc.), os estados de consciência, tipos psicológicos e, por fim, considera a vida em quatro quadrantes:

	INTERIOR	EXTERIOR
INDIVÍDUO	**QSE** • Mundo emocional • Pensamentos	**QSD** • Corpo físico • Comportamento
COLETIVO	**QIE** • Costumes • Valores • Cultura	**QID** • Meio ambiente • Instituições sociais

QUADRANTES DE WILBER

São as dimensões em que vivemos: um determinado nível de desenvolvimento da consciência e de habilidades cognitivas, sensoriais, transitando pelos quatro quadrantes de Wilber, que, como vimos, abordam o que é **individual**, nos planos objetivo (corpo físico, saúde, comportamento) e subjetivo (pensamento, estrutura psicológica, emoções) e o que é **coletivo** no plano objetivo (meio ambiente, empresas, governo, instituições sociais, enfim) e no plano subjetivo (os costumes, tradições, valores, a cultura)[9].

Em sua obra *Prática da vida integral*, como o próprio título sugere, Wilber propõe soluções, cuidados, métodos, práticas, enfim, para uma vida integral.

É isto: o século XXI não se tratará de meramente buscar uma diferenciação de produtos, mas sim de efetivamente fazer a diferença para as pessoas. E pessoas não encaradas fragmentadamente. Vê-las de forma integral, vivendo nos quatro quadrantes. Um organismo, um corpo físico: as questões fisiológicas, quadrante superior direito (QSD). O mundo subjetivo, os pensamentos, os sentimentos, as emoções, o quadrante superior esquerdo (QSE). A pessoa na sua vida coletiva, a comunidade, a cultura e os hábitos em que se vive, o mundo subjetivo grupal, o quadrante inferior esquerdo (QIE). E as pessoas na sua relação com as instituições sociais, com a vida coletiva, objetiva, o quadrante inferior direito (QID). Trata-se, então, de ter uma compreensão integral do indivíduo nas várias dimensões em que se desenvolve sua experiência de vida.

Convivemos até então com produtos que se focalizam em um (hipotético) benefício de um aspecto isolado, por exemplo, o sabor de um sanduíche. Mas que é ruim para a saúde física (colesterol, etc.), pode torná-lo obeso (o que pode não ser culturalmente bem aceito em uma dada região) e fazê-lo se sentir culpado por ter ingerido muito desses sanduíches. Utilidades para as pessoas serão vistas como as que lhes trazem benefícios positivos, concretos e duradouros. E não só para as pessoas, mas para a comunidade em que vivem, a sociedade e as gerações futuras. Haque traduz esta concepção em termos simples e diretos: produtos que possam contribuir para o bem-estar físico, e a questão que se coloca é *"tornamos as pessoas fisicamente mais saudáveis, ajudando-as a viver por mais tempo?"*. Produtos que contribuem para o bem-estar social, e a questão que se coloca

---

9 Interessante observar que esta mesma visão integral de Wilber, aqui analisada sob a perspectiva do ser humano, aplica-se a outras tantas áreas: medicina, psicologia, negócios. Na medicina, por exemplo, seríamos levados a pensar, além do tratamento do corpo físico (QSD), sobre as condições objetivas das instituições de saúde (QID), na situação emocional do paciente (QSE) e como repercute seu estado de saúde nas relações e culturalmente (QIE).

é: *"estamos ajudando as pessoas a terem relacionamentos melhores?"*. Produtos voltados para o bem-estar econômico que, nesse caso, ajudam as pessoas a se tornarem mais produtivas e eficientes. E aí a questão que se coloca é: *"as pessoas conseguem melhores resultados com estes produtos sem tanto esforço sempre que os utilizam?"*. Produtos que podem melhorar o bem-estar mental e aí as questões que se colocam são: *"ajudamos as pessoas a se tornarem mentalmente mais saudáveis, aliviamos sua ansiedade e tensão, contribuímos para melhorar o raciocínio, a memória ou a sua habilidade de opinar?"* (Note que, por outro caminho, Haque trata da vida integral de Wilber.).

Haque cita exemplos de empresas já voltadas neste início do século XXI para fazer a diferença para as pessoas e para a sociedade ao invés de buscar meras diferenciações de produtos. A *Nike*, com a postura de ajudar *"cada cliente a dominar a disciplina de se tornar um corredor melhor"*. A *WholeFoods*, focada não nos produtos, mas sim no *"bem-estar dos clientes, no estocar e vender alimentos que tivessem um sabor melhor e que tornassem os consumidores mais saudáveis"*. A Nintendo que, com determinados jogos (*Brain Age*, Big *Brain Academy*, etc.), *"dá aos jovens e idosos melhores oportunidades para exercitar seus músculos mentais"*. Enfim, soluções para a prática da vida integral, produtos que fazem a diferença para as pessoas, a comunidade e a sociedade.

5) *Pessoas*

> A concepção dominante na sua empresa sobre pessoas é X ou Y?
> Que papel, que protagonismo, que relevância é de fato atribuída às pessoas? Um recurso humano? Uma fonte de criação?
> São elas que vão fazer a empresa que é almejada?
> Elas têm razões para acreditar no que significa a empresa?
> Têm espaço para crescer?

Desde que tomei o primeiro contato com o "best-seller" de Douglas McGregor[10], me chamou a atenção encontrar no mundo real, nas empre-

---
10 MCGREGOR, D. *O lado humano da empresa*. São Paulo: Martins Fontes, 1999.

sas, gestores operando segundo os pressupostos da Teoria X e da Teoria Y. Como o prezado leitor por certo lembra, pelo olhar da teoria X, os empregados são indolentes, preguiçosos, sem interesse no trabalho, falta-lhes ambição, trabalham tão somente pelo dinheiro. Em contraposição, a teoria Y pressupõe que as pessoas gostam de ter o que fazer, buscam solucionar problemas e tomar iniciativas, automotivam-se frente aos desafios e encontram significado no que estão fazendo. Parece ter havido, pelo menos no século XX, uma ampla adesão, pelo menos nos discursos, aos pressupostos da teoria Y (não sei se na prática o mesmo ocorreu ou se a teoria X ainda inspira, em certas empresas, a visão sobre as pessoas e os estilos gerenciais). O fato é que o discurso frequente nas empresas e na literatura durante boa parte do século XX sempre buscava destacar a importância fundamental das pessoas como a verdadeira base de uma atuação empresarial de sucesso. Afirmações do tipo "pessoas estão na essência e precedem a tudo mais: processos, técnicas, gestão". É uma obviedade – pessoas precederam e precedem ao que a empresa é agora – a começar pelo próprio empreendimento inicial que lhe deu origem. Com efeito, a gestão da área dedicada ao fator humano avançou. Vimos o Departamento de Pessoal ou de Relações Industriais, frequentemente de 2º ou 3º escalão, subordinado à Área de Operações, tornar-se uma vice-presidência ou diretoria de Recursos Humanos (até que se disse que "recurso" é algo que se gasta e se repõe e muitas empresas passaram a chamar de Gestão de Pessoas). Esta evolução reflete um reconhecimento, uma ênfase em olhar mais amplamente as questões das pessoas e sua atuação, a seleção, o desenvolvimento profissional, a motivação, a carreira, a remuneração, o reconhecimento, o comportamento na organização. A visão avançou para um papel estratégico e muito menos cartorial/disciplinar/regulamentador.

Cultura organizacional, mudança, liderança e outras questões relevantes entraram no campo de trabalho. O papel crítico e estratégico da cultura organizacional no ambiente interno e no desempenho do negócio entrou na pauta de trabalho de muitas empresas.

Tenho dúvidas, no entanto, se, na maioria das empresas do século XX, o discurso grandiloquente sobre a importância das pessoas e a evolução de gestão na área resultaram, na profundidade necessária, em novas formas de considerar e tratar as pessoas no mundo do trabalho. Minhas dúvidas têm boa parte de sua origem em duas questões que penso que devem estar no centro da discussão sobre os princípios que deveriam balizar a conduta com as **pessoas** para o século XXI:

- Quem vem para o trabalho diário nas empresas são seres humanos, pessoas, individualidades únicas sob o ponto de vista físico, emocional, mental, espiritual.

- Pessoas trabalham em grupos, equipes, especificamente dedicadas a determinada tarefa ou projeto. O contexto comportamental em que as pessoas operam na organização tem que ser visto como um todo, incluindo as relações interpessoais, a cultura e o ambiente político, como já discutido no capítulo 5 – A fórmula 2G, parte 1, Gente. (Não basta atrair talentos. É precisos retê-los. É preciso que possam expressar seus talentos. É preciso não "sufocá-los".)

É essencial também considerar o papel, o estilo, a competência dos líderes que, em última análise, criam ou influenciam este "contexto em que as pessoas operam". Lideranças estimulam equipes a buscar sucesso duradouro. Lideranças são exemplos vivos de aderência (ou não) aos princípios e valores contidos nos discursos gerenciais.

Há prós e contras à ideia de desenvolver internamente essas lideranças ou buscá-las no mercado. Eis uma declaração do primeiro caso: *"ter um diretor do nível de Welch[11] é impressionante. Ter diretores executivos do nível de Welch durante um século, todos treinados internamente – bem, este é um dos principais motivos pelos quais a GE é uma empresa visionária"*. Outras empresas optam por trazer de fora lideranças principais, até mesmo visando arejar ou questionar valores prevalecentes. Há casos bem e malsucedidos.

Os princípios sobre pessoas, então, focalizam e cuidam do contexto em que seres humanos atuam. Os jovens Y atuais, em essência, querem o que sempre desejaram quaisquer seres humanos de qualquer geração: um

---

[11] Jack Welch, designado em 1981, foi CEO da GE (General Electric) até 2001. Citação extraída de Collins e Porras em *Feitas para durar*, já mencionado.

significado naquilo que fazem, uma possibilidade de contribuir, poder exercer sua curiosidade e aprender mais, poder se expressar de forma integral nas suas razões e sentimentos. Não é fácil, eis o dilema, possibilitar a toda e qualquer pessoa em uma organização este tipo de trabalho. Mas também não seria necessário uma maioria de pessoas nas empresas que trabalha durante a semana para sobreviver e fazer o que realmente gosta somente nos fins de semana.

6) *Inovação*

> Por que é fundamental inovar? Quem inova na empresa?
> De onde surge a inovação?
> Inovação do quê? De produtos? De processos? Da Gestão?
> Inovações com que sentido? Para quem?

Quando pensamos em inovação, há uma certa tendência de pensar em produtos, sejam eles radicalmente inovadores, sejam gerações melhoradas ou de melhor desempenho do que a anterior. Basta olhar por um instante no impacto sobre nossa própria vida nas últimas décadas que tiveram, por exemplo, o telefone celular e sua evolução para uma "máquina multiuso" (ou *smartphone*), o computador pessoal, a internet, as centenas de aplicativos, música, etc.

Uma primeira ideia importante, no entanto, para o século XXI é tratar de converter a inovação em uma espécie de **estado de espírito organizacional**, em todos os aspectos, em todas as áreas, com todas as pessoas. Pela simples razão de que não só a inovação em produtos poderá transformar completamente o panorama competitivo de um setor de negócios. O espírito e a iniciativa inovadora hão de estar em toda a parte, estimulados e até mesmo premiados quando surpreendem pela criatividade e pelo impacto positivo. E, como foi dito pouco atrás, inovações de impacto positivo no século XXI focalizam o que é o melhor para o ser humano visto de forma integral. Estão voltadas para uma visão ampla de sucesso, uma visão abrangente sobre resultados empresariais. E abrangendo todas as facetas do triângulo do negócio.

Produtos e serviços/utilidades: novos produtos são lançados diariamente. Determinadas inovações são tão bem aceitas que tornam os produtos verdadeiros ícones, sucessos de venda estrondosos, na medida em que representam utilidades para os clientes. Temos acompanhado, nos últimos tempos, vários destes casos. Inicialmente mais parecidos com um tijolo no início dos anos 90, os celulares evoluíram até chegar aos supercompactos *smartphones*, que apresentam a variedade de recursos a que nos habituamos. Serviços também passaram por fortes inovações, como, por exemplo, na área dos bancos, cuja agência que costumávamos frequentar agora está "no *smartphone*" em qualquer ponto. Outros serviços também têm passado por inovações significativas, entre outros, serviços de saúde, logística, transportes, comunicação, marketing digital, propaganda, etc.

Modelos de negócio: em vários setores, modelos de negócio surpreendentes em termos de inovações e que desafiam aqueles até então existentes. São emblemáticos neste caso, por exemplo, a indústria da música, a área editorial, o correio eletrônico. Há ainda casos mais simples, mas que mudam paradigmas prevalecentes há longo tempo: por exemplo, produtos que passam a ser vendidos pelo serviço que prestam (automóveis, motocicletas, máquinas de lavar, etc.) e não mais como produtos que requerem uma aplicação de capital. Outra fonte de inovações em modelos de negócios tem surgido a partir de novos arranjos nas cadeias de suprimento, levando determinadas empresas, por exemplo, a se concentrarem somente em pesquisa e desenvolvimento de produtos e marketing e tudo o mais sendo resolvido por parcerias e contratos na cadeia de suprimento (fabricação, logística, etc.). Um caso conhecido, citado por Pires[12], é o da Nike que, na década de 90, *"repassou todo o seu processo produtivo, e praticamente criou a chamada empresa manufatureira sem fábrica"*.

Modelo de operação: inovações operacionais podem ter impactos positivos nos negócios. Podem levar a ganhos de produtividade importantes e consequente otimização e redução de custos. Melhorias contínuas, diárias, na operação vão acrescentando esses ganhos sistematica-

---

12   PIRES, S. R. I. *Gestão da cadeia de suprimentos*. São Paulo: Atlas, 2004.

mente. Mas há também inovações operacionais que levam a melhorias de atendimento a clientes.

É o caso típico das operações logísticas que, através da melhoria de níveis de serviço, pode se constituir em uma excelente ferramenta de geração de valor percebido pelo cliente (por exemplo: entregas domiciliares do produto certo, no local certo, na condição certa, no dia e hora marcados, com assistência ao cliente na instalação e 24 horas por dia a partir daí, ou entregas *just-in-time* convenientemente embaladas, em embalagens retornáveis, para movimentação e uso da produção). A má notícia, no caso do Brasil, é que prosseguimos com condições (econômicas, de infraestrutura, marcos regulatórios) em geral muito ruins para a produtividade e para a logística. A boa notícia é que há, portanto, muito espaço para inovações e melhorias.

Modelo de gestão: nenhuma empresa inova pelo prazer de inovar. Gastos com inovação são de alto risco. Não é possível assegurar previamente seu resultado. É claro que, se a inovação cria uma vantagem competitiva sustentável, é mais compensadora.

E não tem sido fácil: inovações em produtos em algum tempo se disseminam e concorrentes logo lançam produtos equivalentes melhorados. Modelos de negócios inovadores logo atraem outros tantos a desenvolvê-los, seguindo o(s) iniciador(es). Curiosamente, inovações na gestão talvez sejam as de mais amplo e duradouro efeito positivo em termos de competitividade e as mais frequentemente esquecidas ou pouco desenvolvidas. Diz Hamel sobre essa inovação lenta e de pequeno alcance em gestão:

> *"Quando comparadas às mudanças monumentais em tecnologia, estilo de vida, nos últimos 50 anos, a prática de gestão parece ter evoluído a um passo extremamente lento... muitos dos rituais de gestão hoje pouco mudaram em relação aos que comandavam a vida corporativa há uma ou duas gerações."*

Penso que houve muitas propostas de inovações "brilhantes" que não passavam de modismos que pouco significavam em termos de reais soluções e que assim como surgiram – rápida e intensamente – desapareceram. Inovações de fundo em gestão exigem consistência entre os "quês e porquês" (âmbito do *know-why* e *know-what*) e depois operacionalização competente (âmbito do *know-how* – instrumentos, metodologias, sistemas, processos). Assisti muitos dirigentes trabalhando no sentido inverso, "maravilhados" com novidades e modismos de gestão no âmbito de "como fazer" (aplicações de TI, por exemplo), mas totalmente desconectados dos fundamentos (o "porquê" e "o quê" da gestão).

Outra questão limitadora de inovações é a dos paradigmas, visões consolidadas, crenças arraigadas sobre esta ou aquela abordagem de gestão prevalecente em uma época (busca de eficiência, estratégia, organização, etc) a bloquear qualquer proposta diferente. O que talvez explique a evolução a um passo lento. Voltemos por um instante a Hamel e à importância estratégica que ele confere à inovação em gestão. Diz ele, *"o que, em última análise, **restringe o desenvolvimento de sua** organização não é o modelo de negócios, não é o modelo operacional, **mas sim o modelo de gestão...** quando comparada a outros tipos de inovação, ela tem um poder inigualável de produzir mudanças radicais e duradouras em vantagem competitiva"*.

E é aí que vejo como uma grande mola propulsora da inovação em gestão, necessária e em um ritmo mais forte, no século XXI, o conjunto dos princípios fundamentais que estamos a discutir dentro deste tópico. Estamos no campo dos "porquês" e dos "o quês". São princípios que procuram estabelecer, por quê, para quê, o que estamos, como uma empresa, fazendo neste mundo. Existem muitas oportunidades de inovações específicas, como vimos em várias partes do modelo de gestão, nos conceitos, nos processos, no planejamento estratégico, na estrutura organizacional, nos sistemas de informação e TI, etc.

Evidentemente essas inovações também devem ser buscadas. Mas uma filosofia que "converse" com os novos tempos do século XXI provocará necessariamente inovações importantes. Os casos serão muitos, decorrentes do que estamos aqui a discutir:

- A missão, o propósito, produz o engajamento e compromisso, pois dá o significado que todo o ser humano precisa para legitimar seu esforço. Mas como este princípio chega a todo mundo? O que é necessário acontecer nas vendas, na relação com o cliente, na fabricação, enfim, no dia a dia de centenas de atividades para que ele esteja lá dentro, acontecendo?

- Resultados empresariais desejados dão o norte e são tratados de forma ampla, envolvendo compromissos com **todos os *stakeholders***. Como vamos assegurar que isso aconteça e o que precisamos transformar?

- E a própria inovação de que estamos aqui tratando, como um estado de espírito, em todas as áreas e em todos os temas. Qual é o ambiente necessário? Que condutas a respeito esperamos das pessoas? A propósito, o que dizem nossos princípios sobre pessoas? Para fazer acontecer, a inovação terá que ser um tema do modelo e dos processos de gestão tanto quanto marketing, finanças, etc. Será um campo de resultado definido e com métricas estabelecidas, tratado no âmbito de planos e ações para cada área da companhia. Haverá inovação em um ambiente centralizador, hierárquico, de distribuição e cobrança de tarefas? Como vamos democratizar tudo, simplificar níveis, rever estruturas?

- Queremos pessoas que encontrem espaço para se exprimir amplamente como seres humanos, em um ambiente social, cultural e político favorável. Ótimo. Mas o que será necessário fazer acontecer na área de gestão de pessoas e em todas as áreas? O que é preciso mudar — e provavelmente algumas mudanças radicalmente inovadoras — na forma de organizar o trabalho, nos rituais internos, nas reuniões, no compartilhamento de informações, no tratamento de divergências?

- Assumimos compromisso em seguir, minorar, melhorar externalidades negativas. Muito bom! Muitas inovações daí decorrerão em processos produtivos, logísticos, administrativos. Não se trata de designar algumas pessoas para cuidar de uma "área de sustentabilidade" meio que alheia ao coração das operações. Ao contrário, é trazer as inovações neste terreno como parte rotineira da gestão dessas áreas. Como medir os resultados? Vamos enfrentar os desafios de como os mensurar? Vamos reportar?

- Nesta mesma linha, a empresa vai encarar o desafio de caminhar em direção a uma "economia circular", como abordado no próximo tópico? Imagine a extensão de inovações requeridas em projetos de produtos, materiais, relações com fornecedores, logística reversa, reaproveitamento de produtos, etc.

- O foco **do** cliente conduz nossas ações e relações? Que dispositivos e mecanismos gerenciais novos têm que acontecer para viabilizar a prática deste princípio? Pensamos em termos de utilidade para o cliente? O que precisa acontecer na gestão de uma inovação, de lançamentos e das linhas de produtos? Que inovações garantirão produtos e serviços que façam a diferença para as pessoas, de maneira integral, do ponto de vista físico, emocional, intelectual, econômico, social?

A atitude e a crença amplamente disseminada nas empresas, na importância e no valor da inovação é fundamental no século XXI. Mas é bom lembrar, como diz apropriadamente Gerson Ferreira Filho[13], *"restringir o espaço da inovação à façanha técnica e ao sucesso comercial, é adotar uma visão reducionista... assim se deprime a importância das pesquisas, cujo objetivo último é aumentar o conhecimento sobre algo, mesmo quando não há perspectiva imediata de retornos econômicos. Aquelas que serão feitas, quase sempre, com recursos públicos, em universidades e institutos especializados".*

Do conhecimento básico acrescentado à inovação disponibilizada, há um caminho que requer articulação entre pesquisa básica e pesquisa tecnológica e dos entes nelas envolvidos. Como lembra Gerson, *"nos EUA a integração universidade-instituto de pesquisa-empresa é bem antiga, e o*

---

[13] FERREIRA FILHO, G. Inovação: façanha técnica, sucesso comercial, interesse nacional. *Revista Marketing Industrial*, São Paulo, n. 65, 2014.

governo vê o investimento em PD&I, como algo imprescindível para a manutenção do seu protagonismo mundial".

Essa articulação, essa cultura, essa tradição associada ao empreendedorismo inovador e ao ambiente de competição e evolução empresarial possivelmente explicam os diferentes resultados finais, como demonstra Gerson, dos programas espaciais russos e americanos. Como é sabido, a URSS foi pioneira quando colocou, em 1960, Yuri Gagarin em órbita terrestre.

Este e outros avanços foram feitos, como os caças MIG, por exemplo. Logo, no contexto da Guerra Fria, os americanos começaram a lançar suas naves, inclusive tripuláveis. É de se presumir que ambos os lados dominavam mecânica, eletrônica e astronáutica em níveis muito elevados.

Depois com a *glasnost*, a Rússia aderiu ao capitalismo. E vem a pergunta inevitável: por que não foram criadas, em larga escala, empresas russas de nível mundial em eletrônica, informática, ótica, mecânica e outros conhecimentos vitais para a atividade astronáutica e que eles dominavam? Ao contrário, nos EUA, a NASA desde cedo buscou capacitar empresas privadas como fornecedoras do seu programa espacial, *"embora o investimento dos EUA fosse motivado principalmente por razões estratégicas, os ganhos gerados no Programa Espacial já ultrapassaram os seus custos".*

Neste contexto ampliado, a inovação nas empresas tem que envolver e articular-se com as ações do governo, institutos e universidades. Há muito o que fazer e melhorar neste campo no Brasil. Em todos os aspectos aqui abordados: produtos, operações, modelos de negócios e de gestão.

Por fim, se os princípios representam e envolvem convicções e compromissos fortes e estão em verdadeira sintonia com os novos tempos, é preciso ir muito além do discurso. É preciso fazer acontecer. É preciso muita coragem inclusive para fazer inovações que romperão radicalmente com posturas e condutas até então prevalecentes no mundo empresarial.

7) Resultados socioambientais

> Há o compromisso de minimizar externalidades negativas, mensurá-las e divulgá-las, mostrando inclusive medidas tomadas?
> Resultados socioambientais, positivos ou negativos, serão objeto sistemático da gestão?
> A empresa está consciente das delicadas questões ambientais, e sociais e os efeitos que nelas produzem?

Resultado é a "ação ou efeito de resultar, é o que resultou ou resulta de alguma coisa, é a consequência, efeito, produto, fim, termo" (Michaelis). Há resultados que podem ser bastante negativos para a comunidade, para a sociedade, ainda que não intencionais. Há também resultados socialmente positivos que acabam não sendo "contabilizados", como discutimos no tópico sobre os modelos de gestão, entre outros: inovação tecnológica, novos produtos e soluções, desenvolvimento profissional.

Ocorre que a ação da empresa, além daqueles campos de resultados usuais (financeiro, mercadológico, etc.), produz outras tantas consequências, efeitos, com impactos, positivos ou negativos, para as pessoas, para a comunidade, para a sociedade, sem que elas tenham concordado explicitamente com tais efeitos. São as chamadas externalidades, que, embora possam ser provocadas por pessoas, empresas, órgãos governamentais, têm sido empregadas principalmente para conceituar e explicar impactos e efeitos causados pelas empresas, sem que os tomadores de decisão os tenham considerado e avaliado quando da decisão, por exemplo, sob o ponto de vista do custo/benefício. As empresas, na maioria dos casos, tiveram o seu desenvolvimento no século XX com foco predominante nos resultados objeto dos processos de gestão adotados internamente e com pouca ou nenhuma consideração dos efeitos socioambientais e econômicos negativos. Mas é preciso equilíbrio e ponderação ao interpretar e analisar as externalidades. Neste tempo, muitas foram as **externalidades positivas** que não há como deixar de considerar ou que se possa contestar, como, por exemplo:

- Tecnologias e inovações de produtos, soluções, novos processos de trabalho, de gestão. Medicamentos que previnem doenças, salvam vidas e melhoram sua qualidade. Tecnologia da informação, internet, processos e modelos de gestão que se disseminaram. Segundo Sukhdev, em *Corporação 2020,* já citado: "Os efeitos indiretos da pesquisa e do desenvolvimento tecnológico (P&D) são as externalidades mais antigas e mais benéficas provocadas por corporações". Muitas dessas tecnologias, TI, por exemplo, possibilitaram relevantes ganhos de produtividade em muitos setores.

- O desenvolvimento das pessoas através da capacitação profissional, do treinamento e apoio ao desenvolvimento das suas competências. Muitas empresas investem somas significativas nestes processos visando melhorar o desempenho dos "seus" colaboradores, mas que acabam por beneficiar outras empresas e instituições (inclusive no ensino) em que atuem ou venham a atuar já que ninguém é "dono" deste capital de conhecimento e capacitação, a não ser o próprio indivíduo. Sukhdev cita o exemplo da Infosys (Mysore, Índia), que é a maior universidade corporativa do mundo, com um *"campus de 330 acres, 140 acres de área verde e mais de 445 mil árvores"*. E complementa, *"a externalidade de capital humano gerada pela Infosys era equivalente a mais de US$ $1,4 bilhão em 2012. A espetacular geração de capital humano da Infosys tem sido seu valor agregado à economia, apesar de não haver nenhuma exigência para que isso seja registrado"*.

- Planejamento e concepção de ações positivas que podem se disseminar na cadeia de suprimentos, estímulo a soluções conjugadas com fornecedores e clientes no campo socioambiental, entre outras, a reciclagem e reutilização de produtos, embalagens retornáveis/reutilizáveis, treinamentos, etc.

- Apoio e atuação em causas comunitárias e sociais. Criação de Fundações dedicadas a variadas contribuições.

Outras externalidades positivas podem ser citadas (e lembradas pelo leitor) como os impactos positivos em comunidades, melhorias em cidades, a criação do capital social (Sukhdev cita aqui a Natura, cujo *modelo de negócios da venda direta, com donas de casa como vendedoras... mobiliza e reforça laços sociais comunitários que acabam por gerar lucros".*).

Mas não se pode tomar externalidades positivas como justificativa para não agir responsável e competentemente sobre as externalidades negativas. De diversas formas e por diversos caminhos, empresas consomem recursos da natureza, provocam poluição atmosférica, danos ambientais, malefícios à saúde, descarte exagerado de produtos (fruto, por vezes, do consumismo estimulado por publicidade não responsável). Esses efeitos impõem custos significativos para a sociedade, mas que não estão considerados nas avaliações de quem toma as decisões que os acarretam. Convenhamos que não é fácil colocar preços, atribuir custos a estas externalidades, mas também não há como continuar imaginando que o meio ambiente, de um lado está disponível de graça (ou muito abaixo do custo efetivo) e, de outro lado, pode suportar quaisquer níveis de consumo, utilização de recursos e danos indefinidamente. É bem provável que o impacto no meio ambiente seja a maior das externalidades negativas que, conscientemente ou não, é produzida pela empresa moderna: utilização do solo, desmatamento, poluição da água, uso pouco responsável dos recursos naturais, poluição atmosférica, etc. Por vezes o efeito é muito grave para a própria empresa, como ocorreu no emblemático caso do vazamento de petróleo no Golfo do México pela BP, em 2010. Diz Sukhdev a respeito: *"Como mostra a experiência da BP, a externalização de riscos e custos não é sempre um caminho de mão única. O gosto amargo que vem no fim, às vezes pode ser bem prejudicial à instituição... a BP teve que pagar US$ 20 bilhões de dólares para cobrir os prejuízos causados pelo vazamento".* De fato, como vemos, a externalização de riscos e custos por parte das empresas pode produzir efeitos amplos e de difícil solução.

No século XXI, as pressões sobre os efeitos negativos socioambientais tendem a continuar aumentando e muito. As empresas se verão diante de opções em termos dos princípios, dos valores fundamentais – considerando-os adequados e prosseguindo com suas condutas ou modificando-os

– entre alternativas deste tipo, aqui colocadas em dois extremos somente para ilustrar posições totalmente díspares:

1. *Lobbies* junto às autoridades, com o fim específico de evitar sanções ou regulamentações ou taxações, ou para ampliar liberdades de atuação, de modo a perpetuar o *business as usual* que vem seguindo até então. Extrair o máximo de benefícios e lucros, evitando perdas e regras não desejadas. Associar a isto um esforço de comunicação sobre algumas iniciativas de "desenvolvimento sustentável" e "responsabilidade ambiental". *Lobbies* são normais e podem ser movidos por causas legítimas, positivas ou negativas. Mas nem sempre estarão a defender bandeiras publicáveis.

2. Responsabilizar-se e atuar sistematicamente para minimizar e, no limite, buscar eliminar as externalidades negativas (e, além disso, contribuir com soluções), tornando-se uma instituição de valor inquestionável para a sociedade através, basicamente, dos seguintes tipos de condutas:

    - Incorporar compromissos com resultados – definidos e com métricas estabelecidas – no campo das externalidades, positivas e negativas, ao modelo e processos de gestão. Daí estabelecer metas, estrutura, programas e acompanhá-los. Ou seja, uma prática normal e usual de gestão com foco nesses resultados.

    - Trabalhar na conscientização do pessoal, inclusive de fornecedores, clientes, prestadores de serviços, em práticas de responsabilidade social e de sustentabilidade.

    - Adotar posturas transparentes, interna e externamente, inclusive para lidar com eventuais dilemas, por exemplo, entre resultados financeiros e resultados socioambientais.

    - Comunicar avanços. Compartilhar soluções. Contribuir para a evolução dessas práticas na sociedade. Participar de associações, eventos, congressos neste campo. Ser um exemplo.

As dificuldades atuais na implementação desses princípios não são triviais. Há situações complexas e difíceis a começar pelo modelo e a matriz energética existente na maioria das grandes economias. Há resistências internas e externas nas empresas. Buscar uma produção sustentável não tem sido algo disseminado com entusiasmo verdadeiro. Investimentos nesta direção tendem a ser vetados. E, não raro, há uma percepção de que como externalidades negativas não estão refletidas nos resultados financeiros, é melhor omiti-las. E esperar que não se tornem escândalos na mídia ou que surjam regulamentações que aí obriguem a resolver os problemas sob pena de pesados ônus ou destruição da reputação.

A criatividade e o espírito inovador aplicados em produtos, processos produtivos, novos modelos de negócios, etc., não poderiam também ser dedicados a encontrar e desenvolver soluções neste terreno, compatibilizando-os, inclusive, com resultados mercadológicos, tecnológicos, financeiros?

E a dificuldade intrínseca de mensurar efeitos das externalidades, sejam positivas ou negativas? É visão corrente de que o que não se mede, não se administra. Sukhdev, nessa direção, propõe uma curiosa questão: *"será que os contadores podem salvar o mundo?"*. Isto porque considera que uma ferramenta de mudança de todo este contexto pode ter origem nos contadores: *"um marco contábil melhorado para refletir as externalidades positivas e negativas nas Demonstrações Financeiras"* tornando transparentes os impactos na economia, na sociedade e no meio ambiente.

É claro que não é uma tarefa fácil implantar estes padrões, algo como uma espécie de "IFRS[14] socioambiental". Os desafios são enormes para mensurar adequadamente as externalidades.

Há estudos e pesquisas em andamento, no entanto. Segundo Sukhdev, o Instituto de Contadores Certificados da Inglaterra e do País de Gales[15] começou a iniciativa "Economia dos Ecossistemas e da Biodiversidade" para uma coalizão empresarial, cujo principal objetivo é calcular

---

14   IFRS – International Financial Reporting Standards, um conjunto de políticas e normas contábeis internacionais que objetivam uniformizar práticas contábeis e assim possibilitar o mesmo entendimento das Demonstrações Financeiras. Essas normas comuns são emitidas e revistas pelo IASB – International Accounting Standards Board.
15   www.icaew.com – O instituto mantém um comitê específico sobre sustentabilidade: http://https://www.icaew.com/en/technical/sustainability/sustainability-committee

as externalidades corporativas. E, com o apoio de outras instituições, *"está sendo lançado um programa ambicioso para identificar e depois qualificar as 100 principais externalidades mundiais".*

Há ambientalistas respeitados que dizem que não há muito tempo, pelo contrário, para que ações concretas reduzam o impacto ambiental negativo: oceanos seriamente afetados, desmatamento, redução da biodiversidade, poluição, crescimento da concentração de gases do efeito estufa. Empresas dirigidas por lideranças conscientes dessas questões estão surgindo. Sukhdev cita a Puma, que foi a primeira empresa do mundo a apresentar uma "Demonstração de Resultados Ambiental", esforço conduzido pelo seu presidente à época, Jochen Zeitz, já citado anteriormente.

Refere-se também a bons exemplos que analisou no Brasil, como a Natura e o Itaú Unibanco, entre outros. Há ainda o caso de Paul Polman, CEO (*Chief Executive Officer*) da Unilever, que tirou o foco da obsessiva análise de resultados trimestrais e, em entrevista à Revista Veja de 10/09/2014, entre outras tantas visões importantes, declara que *"sempre acreditei que os problemas sociais... pobreza, mudanças climáticas, direitos humanos são muito grandes e... o governo não consegue lidar com estas questões sozinho. A iniciativa privada precisa ajudar".*

O século XXI exige a multiplicação desses exemplos, lideranças empresariais com uma visão ampliada sobre o que significa o **resultado empresarial e que assumam compromissos com um mundo melhor.**

Iniciativas na direção de uma economia circular, ao invés de linear, como se discute a seguir, estão nessa direção.

Da economia linear para a economia circular: o século XX foi marcado nas empresas, majoritariamente, pela busca dos ganhos de eficiência operacional e vantagens de custo. Esta é uma abordagem que assume certas premissas:

- **Foco interno nos processos**: trata-se de melhorar a eficiência do ciclo operacional, do pedido até a entrega do produto/serviço e recebimento, buscando racionalizar/otimizar todos processos e respectivos custos.

- **Visão linear, do pedido à entrega ao cliente**: a cadeia de valor governa estes raciocínios de eficiência. E esta é uma concepção linear que, em síntese, parte da aquisição dos insumos e da logística de abastecimento e passa pelos processos de operações, logística de distribuição, marketing e serviços. Maximizar a eficiência operacional assegurando a qualidade requerida e a confiabilidade das operações foi um desafio central no surgimento e no crescimento das organizações desde o início do século XX (Basta lembrar que Taylor[16] divulgou suas conclusões da primeira para a segunda década desse século.). Desde então, os enfoques da gestão das operações evoluíram através de contribuições extraordinárias, incorporando visões como: abordagem sistêmica, aplicações de sistemas integrados e TI nas operações, engenharia industrial, qualidade total, os princípios e metodologias da "mentalidade enxuta" *(lean)*. Caminhamos para, mais do que simplesmente otimizar os custos, modelos de excelência operacional e da Excelência Empresarial. A Toyota tornou-se empresa emblemática do sucesso desta filosofia de gestão, como já citei anteriormente. Não me parece nem um pouco razoável, diante dos efeitos colaterais dessa abordagem da economia linear (que discuto a seguir), desmerecer todos estes avanços extraordinários na gestão. Crescimento econômico, melhoria dos padrões de vida, conversão de inovações importantes (eletricidade, telefone, etc.) em produtos são conquistas diretamente associadas e decorrentes do desenvolvimento da gestão industrial e empresarial especialmente do início do século XX até então.

No século XXI, no entanto, os "efeitos colaterais" negativos serão cada vez menos aceitos pela comunidade, pela sociedade. E mesmo economicamente falando, os custos poderão se tornar desvantajosos para as empresas. Os contrapontos às premissas do século XX mostram malefícios socioeconômicos ponderáveis: as empresas com níveis de produtividade cada vez maiores e produzindo em maior escala e com seu foco

---

[16] Frederick Winslow Taylor, engenheiro americano, através de estudos empíricos propôs soluções para o planejamento e racionalização de tarefas produtivas. Taylor é considerado um dos precursores da chamada Administração Científica e publicou sua obra *The Principles of Scientific Management* em 1911.

interno – racionalização restrita aos custos visíveis internos e sua cadeia linear – estão a contribuir, conscientemente ou não, para:

- Agravar as chamadas externalidades negativas, os custos ambientais, os custos sociais que decorrem do processo linear: recurso, processamento, produto acabado, entrega, uso, descarte, substituição do produto. O que ocorre em termos de poluição? Como destinar o lixo decorrente de volumes crescentes de descarte de produtos? O que fazer com aqueles produtos ambientalmente de difícil destinação?

- Por outro lado, como quase nada ou muito pouco do que se produziu é reaproveitado, este modelo caminha para, ao longo do tempo, provocar uma curva ascendente dos custos dos recursos empregados na produção.

Os custos socioeconômicos estão aí, mas são poucos visíveis. A empresa, no dizer de Haque, *"impõe uma ampla variedade de custos despercebidos, não intencionais e indesejados sobre os outros"*. Mas a cultura do "fabricou, entregou, usou, descartou, substituiu" por certo também está levando a custos crescentes para as empresas na obtenção e uso dos recursos.

Uma filosofia empresarial do século XXI, dos empresários conscientes e que se veem como contribuintes de um mundo melhor, terá que enfrentar (o que algumas empresas já estão fazendo) este enorme desafio. Por que não abrir mão do pensamento linear e adotar um pensamento circular, de uma premissa de descarte para uma premissa de reaproveitamento? Não se trata simplesmente de reciclar. A chamada economia circular, no intuito de erradicar perdas e desperdícios – e não somente nos processos de manufatura por mais enxutos que sejam – olha os vários ciclos de vida e usos dos produtos e seus componentes. E esta forma de pensar vem desde o desenho e projeto de produtos, o que vai muito além da ideia de reciclagem, onde continuam sendo perdidos a energia e a mão de obra incorporadas.

A logística reversa prossegue sendo o enorme desafio que é: como coletar milhares ou milhões de itens geograficamente dispersos e transportá-los eficientemente até onde é necessário? Como reaproveitá-los? Porém, neste novo cenário, os componentes duráveis já terão sido concebidos para reutilização em outras aplicações produtivas, tantas vezes quanto for possível. Outras visões e possibilidades surgem, inclusive, na relação produtor-cliente. O objetivo pode deixar de ser a simples venda de um produto. Por que não alugá-lo? Ou ainda, quando vendê-los, por que já não incluir combinações e incentivos para que os materiais retornem para a reutilização?

Haque chama esta nova forma de pensar de **ciclo de valor**, em contraposição à **cadeia de valor**, e diz que ele trata de considerar *"como os recursos são utilizados depois de terem morrido ou de não serem mais produtivos, ou seja, como eles são reciclados, reutilizados e remanufaturados em recursos vivos. A meta de um ciclo de valor é simples: não desperdiçar nada, repor tudo".*

É evidente que muitas contas terão que ser feitas. Soluções extremamente criativas terão que ser encontradas. Projetos de produtos terão que contar com novos enfoques. Os custos envolvidos precisarão ser analisados e, em algum ponto, serem economicamente viáveis. Essas contas e análises de viabilidade econômica terão, no entanto, que considerar o que ocorrerá com recursos e custos crescentes para a produção no modelo linear, custos com regras de descarte de determinados produtos e outras tantas regulamentações que surgem e surgirão, e ainda custos tangíveis (processos legais, por exemplo) e intangíveis (imagem, reputação, etc.), que resultam da pressão social e dos *stakeholders*: clientes e fornecedores que, por vezes, arcam com parte dos problemas e custos da cadeia linear, mas também as pessoas, as comunidades, as organizações da sociedade, a própria sociedade, as gerações futuras.

Parece utópico? As iniciativas concretas e práticas já estão aí. A fábrica da Renault em Choisy-le-Roi, na França, remanufatura motores, transmissões e outros componentes para revenda e suas operações usam 80% menos de energia e quase 90% menos de água, como relatam Nguyen, Stuchtey e Zils[17]. Frans Van Houten, CEO da Philips, descreve os esforços da companhia na direção da economia circular[18]. Haque, já cita-

---

17   NGUYEN, H.; STUCHTEY, M.; ZILS, M. Remaking the industrial economy. *McKinsey Quarterly*, feb. 2014.
18   HOUTEN, F. V. Toward a circular economy. *McKinsey Quarterly*, feb. 2014.

do, aborda o caso da Walmart nestes termos: *"Ela era a **estrela da morte** das empresas: ultraenxuta, ultramalvada e do tamanho de um planeta. Ao explorar os recursos naturais, extorquir fornecedores e esmagar comunidades, a Walmart cresceu, tornando-se a maior empresa do mundo e o inimigo público número 1 para uma geração de ativistas e reformistas. Mas hoje ela está se reconstruindo, com base em três metas benevolentes: usar 100% de energia renovável, alcançar desperdício zero e vender apenas produtos que beneficiem o meio ambiente".*

Haque afirma que as empresas do século XXI terão que evoluir para a **socioeficiência**, isto é, *"minimizar todos os custos incorridos pela produção, sejam custos ortodoxos diretamente considerados pelas empresas da era industrial, sejam custos menos visíveis para a sociedade, as comunidades, o meio ambiente e as pessoas"*. Empresários do século XXI terão que optar por uma aposta na continuidade ilimitada da disponibilidade de recursos (ou novas tecnologias) a custos aceitáveis e repassados à sociedade – economia linear – ou acreditar, inteligentemente, a meu juízo, em um capitalismo construtivo. E, nesse caso, uma das possibilidades é a incorporação da visão de uma economia circular.

8) *Posturas na cadeia de suprimento*

> A empresa está consciente do seu impacto na cadeia como um todo?
> Acha que deve tirar proveito de sua força com fornecedores, distribuidores, clientes? Acredita em relações abertas, transparentes, colaborativas?
> Creem em acordos de longo prazo, relações ganha-ganha?
> Contribui para uma cadeia social e ambientalmente melhor?

Toda e qualquer empresa está inserida em cadeias de suprimento. A empresa focal, por exemplo, uma montadora de automóveis, entrega o produto final da cadeia, o carro. Você, como um cliente, compra esse carro em uma concessionária, mas, nesta altura toda, uma extensa cadeia de empresas relacionadas atuou para que esse carro pudesse ser entregue a você.

CAPÍTULO 9 — UMA AGENDA DE DISCUSSÃO SOBRE A FILOSOFIA EMPRESARIAL...

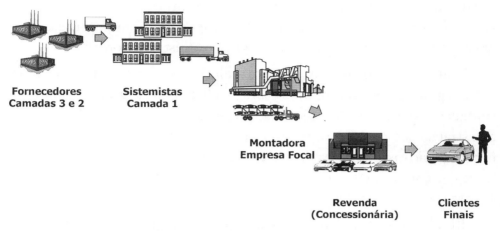

A CADEIA DE SUPRIMENTO AUTOMOTIVA

Clientes e fornecedores podem entrar em relações cooperativas com sua empresa em busca de soluções conjuntas? A julgar pelos paradigmas em torno dessas relações (pressões, falta de transparência, empurrar problemas, etc.) em boa parte das empresas no século XX, a resposta seria **NÃO**! Mas em muitas empresas isso vem sendo fortemente repensado.

A área de Gestão da Cadeia de Suprimentos – *Supply Chain Management* – vem evoluindo para um patamar estratégico relevante, cujos enfoques, em alguns casos, têm levado à completa reconfiguração do escopo e formatação do negócio, a partir de novos arranjos entre as empresas da cadeia. Com relevantes resultados, inclusive econômico-financeiros e de competitividade[19]. Mas esses arranjos vão além do estratégico, vão ao que é filosófico (razão pela qual acho importante discutir o tema aqui). E por quê? Porque esses rearranjos – em alguns casos verdadeiras reconfigurações completas do modelo de negócio, de operação e gestão – passam por indagações básicas sobre a influência da empresa no desempenho da

---

19 O efeito estratégico e econômico-financeiro das soluções logísticas e de *Supply Chain* é ainda pouco estudado e compreendido no âmbito das empresas e da Academia, no Brasil e no mundo. Pesquisas e intervenções práticas conduzidas por um grupo interdisciplinar de professores e profissionais (Logicon) que coordenei nos anos 2000 na Faculdade de Economia, Administração e Contabilidade da USP revelaram ampla gama de melhorias de competitividade e resultados econômicos e financeiros proporcionados por estas soluções. Há também um enorme campo para a cooperação interorganizações em melhorias socioambientais.

cadeia como um todo (e consequentemente o impacto na própria empresa) e pela natureza e fundamento das relações com clientes, fornecedores, prestadores de serviço, operadores logísticos, distribuidores.

Trata-se exatamente disso, buscar soluções que transcendem um foco **intraorganizacional,** evoluindo para um foco **interorganizacional**, um verdadeiro redesenho de fronteiras entre as empresas, um alinhamento de estratégias e operações, uma evolução para relações de cooperação (e não impositivas e autoritárias) que, na ponta do cliente final, permita entregar, com grande eficiência, produtos e serviços que geram valor ao cliente a aos demais *stakeholders*.

Eis alguns desses temas de rearranjos estratégicos interempresas:

- **Análise e ações conjuntas sobre os produtos e prioridades competitivas da cadeia de suprimento**: estabelecer formas apropriadas e diferenciadas de tratar produtos funcionais (demanda previsível, ciclo de vida mais longo, variedade menor) dos produtos inovadores (demanda imprevisível, ciclo curto, grande variedade). Planos e ações conjuntas entre empresas e fornecedores procurarão resolver dilemas entre processos fisicamente eficientes *versus* processos responsivos ao comportamento do mercado. Aspectos de agilidade, adaptabilidade e alinhamento de interesses entre as empresas terão que ser trabalhados.

- **Gestão da demanda:** a incerteza da demanda é um fato da vida, especialmente difícil nos produtos inovadores. Em muitos casos práticos, o trabalho conjunto entre empresas mostrou-se produtivo. Trata-se da cadeia responder à demanda dos clientes finais (*Demand Chain Management – DCM*). Sendo o esforço bem-sucedido, ao final temos melhores níveis de serviço com menores "desarranjos" e níveis de inventário na cadeia (e os desgastes e custos daí derivados).

- **Modelos de manufatura:** as expectativas dos clientes caminham cada vez mais para um leque infinito de opções, produtos personalizados e inovadores e de preços competitivos. Modelos como o *lean manufacturing* (manufatura enxuta) buscam simultaneamente elevada produtividade, qualidade e flexibilidade na produção. Outras soluções vêm sendo trabalhadas nas cadeias de suprimento, como a manufatura contratada e a modularização da manufatura, com o produto sendo montado a partir de componentes padronizados. A modularização permite variar os produtos e atender a diferentes expectativas de clientes apenas trocando módulos, sem ter que iniciar um projeto da estaca zero.

- **Gestão de inventário:** inventários, eis aí um tema frequentemente controverso na vida das empresas. Na visão do pessoal de finanças, eles são excessivos e resultam em capital de giro e custo de oportunidade elevado. Segundo o pessoal de marketing e vendas, uma visão estreita de redução dos níveis de inventários leva a não prestar serviços adequados, provoca perda de vendas e até ocasiona perda de clientes. Não há também como transformar tudo em *just-in-time*, reduzindo e reduzindo, segundo o pessoal de operações. Parece evidente que não há nenhuma "solução ótima" em termos de inventários no âmbito de uma empresa específica da cadeia de suprimentos. Ações radicais de cortar abruptamente entregas de fornecedores a montante e/ou empurrar produtos à jusante diante de oscilações da demanda podem, eventualmente, melhorar os resultados mensais ou trimestrais. Mas os custos decorrentes na cadeia de suprimentos serão, de algum jeito, em algum momento, repassados aos clientes finais e aos outros elos da cadeia. Ações isoladas levam à perda de competitividade em uma espécie de autoengano: "resolvemos nosso problema", como se "nosso problema" não tivesse nada a ver com o destino final dos negócios. É como se o automóvel **X** começasse a perder vendas significativamente e o fabricante dos seus componentes achasse que não é problema "seu" ainda que 30% de toda sua receita seja proveniente da venda de componentes para automóvel **X**.

Soluções conjuntas podem ser mais eficazes, como é o caso, na gestão da demanda, de trabalhar com a produção "puxada" e não "empurrada", rever o modelo de manufatura e repensar relações entre fornecedores e clientes ao longo da cadeia.

- **Gestão estratégica das relações com fornecedores:** trata-se da empresa (e particularmente da área de suprimentos) evoluir da gestão de aquisição de insumos, conforme especificações e pelo menor preço possível, para uma gestão estratégica dessas relações, envolvendo soluções do tipo:

- Seleção de fornecedores parceiros, que, de fato, estabelecem acordos de atuação conjunta por meio de contratos de longo prazo (10 anos ou mais).

- Revisão da base de fornecedores desde logo confrontando a frequente ideia de que não é estrategicamente inteligente concentrar-se em poucos fornecedores, criando delicadas situações de dependência, como se argumenta muitas vezes. No limite, até mesmo concentrar o poder de compra em um único fornecedor (*single sourcing*). E também revendo o que é estratégico na relação com fornecedores, trabalhar diversos níveis de aprofundamento do relacionamento, que poderão envolver: soluções de conexão via tecnologia da informação e comunicação, esforços conjuntos na gestão de custos interorganizacionais[20], novas formas de atendimento desde entregas *just-in-time* até reposicionamento de fábricas, soluções ambientais, participação em projetos de produtos. Outra abordagem que merece consideração neste campo é a chamada *ESI – Early Supplier Involvement.* Um conceito e uma prática que vêm ganhando relevância nas relações com fornecedores nos últimos anos. Trata-se de ter determinados fornecedores envolvidos em projetos de produto desde os seus estágios iniciais. Trata-se, então, de certa forma, de se selecionar uma espécie de "parceiro do ciclo de vida do produto".

Por um lado esse fornecedor assume riscos importantes, investindo recursos e competências ao detalhar soluções de sua esfera de especialização para um produto a ser comercializado futuramente. Por outro lado, o cliente terá contratado um parceiro para toda a existência da linha de produto e para o seu mercado de reposição.

Como é óbvio, quanto mais complexo o produto, maior o grau de esforço e comprometimento entre cliente e fornecedor.

---

20   Para mais detalhes, ver Souza, B. C. e Rocha, W. *Gestão de custos interorganizacionais:* ações coordenadas entre clientes e fornecedores para otimizar resultados. São Paulo: Atlas, 2009.

Daí a relevância e o peso – nunca é demais ressaltar – das relações de confiança, da credibilidade entre as partes. Antes de tudo, então, uma questão filosófica.

Na indústria aeronáutica, frequentemente citada na literatura como exemplo emblemático do ESI, Pires, já citado, menciona o caso da Embraer que, no rápido desenvolvimento da família 170/190, trabalhou com 16 empresas e 22 fornecedores principais de vários pontos do planeta (Kawasaki, no Japão, e Sonaca, na Bélgica, no desenvolvimento da estrutura da aeronave e no fornecimento de asas; Latécoère, na França, nas seções de fuselagem; Honeywell, nos Estados Unidos, nos sistemas aviônicos, e GE, também nos Estados Unidos, nas turbinas). Na indústria automobilística, cada vez mais pressionada em termos de competição, o ESI também encontrou amplo desenvolvimento.

Esta brevíssima descrição de algumas das possibilidades de atuação nas relações e ações da empresa na cadeia de suprimentos já dá uma ideia dos enormes benefícios que podem advir nos produtos e serviços entregues aos clientes finais, na produtividade, em otimizações de custo, e que também pode e deve – como já ocorre em determinadas ações conjuntas – trabalhar na observância de condutas responsáveis, social e ambientalmente. É evidente que essas soluções passam por equacionamentos técnicos e de gestão complexos.

Mas trata-se, antes de tudo, de acreditar, de fato, em determinados **princípios e valores** que podem, muitas vezes, conflitar com valores e práticas até então adotados ou com posturas setoriais incompatíveis aos valores agora requeridos. Em essência, trata-se da gestão de relações de colaboração, voltadas para a ação conjunta. Essas relações precisam estar lastreadas por confiança mútua e preveem rituais e formas de se administrar conflitos que favoreçam a abertura, a clareza, a transparência e a busca de consenso. Por esse motivo, muito antes de tecnologias, sistemas e técnicas modernas, é uma questão filosófica para dirigentes e gestores da empresa: eles acreditam ou não em projetos e atuações conjuntas, abertas e transparentes?

Acreditam ou não na sinceridade, na abertura da troca de informações? Estão dispostos a compartilhar benefícios alcançados ou pensam em termos de que os ***bônus são nossos e os ônus deles***? Em algum momento a discussão destes valores virá à tona em face de situações concretas, como, por exemplo, a decisão de assinar ou não, na próxima semana, um contrato de dez anos com um único fornecedor de determinado componente ou serviço. O caso de uma empresa com a qual estive envolvido em um projeto deste tipo ilustra esse aspecto. Foi desenvolvida uma estratégia e um modelo de cadeia de suprimentos e de logística e as bases para a sua gestão. Uma das premissas centrais do modelo, adotada como diretriz de partida para o seu desenho, foi a terceirização de toda a operação logística **com um único** operador que atuasse com cobertura nacional. Após um extenso e trabalhoso processo ser conduzido, absolutamente profissional e transparente, selecionou-se uma dentre as 50 empresas que constavam na lista inicial. Nessa altura, determinados setores e gestores trazem à mesa aquela dúvida que pode "demolir" a premissa, o trabalho e as convicções subjacentes:

> *"Mas nós vamos colocar nossa vida e nossa tecnologia na área nas mãos de uma única empresa por dez anos? E se nos pressionarem depois por aumentos de preços? E se falharem em algum ponto da operação?"*

Ora, essa é uma questão que, para a equipe do projeto já estava completamente superada, uma vez que tinha sido validada como premissa básica inicial. Mas, de qualquer forma, a diretoria teve que se debruçar profundamente no ponto agora levantado. E descobriu o que, embora frequente, nem sempre aparece no momento ainda conceitual da decisão: há convicções profundas, historicamente, em pessoas e áreas que as levam a não crer em nada que se assemelhe ou lembre relações colaborativas, de cooperação, transparentes, de confiança e de longo prazo. No caso em questão, a solução (que manteve a credibilidade do processo por ter sido explicitada claramente aos envolvidos) foi de se iniciar a operação com a divisão de atuação entre dois operadores. A empresa buscou deixar claro a esses dois operadores que se tratava de algo totalmente novo para ela (antes havia mais de trinta prestadores de serviço logístico que a atendiam pelo Brasil afora), que ela desejava certa segurança, que as áreas e regiões de atuação seriam equilibradas em termos de volumes e que os critérios contratuais e de desempenho seriam os mesmos. Um tanto quanto paradoxal – confiamos em vocês, mas queremos, de início, dois fornecedores. Mas que funcionou por ser o assunto tratado com absoluta transparência.

Esses aqui mencionados e outros valores fundamentais não dizem respeito, como é óbvio, somente às relações na cadeia de suprimento. Estão subjacentes a todos os tópicos propostos para reflexão sobre uma Filosofia Empresarial do século XXI, e estão presentes nas relações e ações da cena diária em qualquer empresa. Pretendo repassar esta questão dos valores básicos adiante.

9) *Conduta ética e moral*

> O que é a conduta ética e moral que a empresa quer ver praticada nos seus negócios e na gestão?
> Como assegurar sua prática?
> Dirigentes encaram de frente contradições entre resultados no tempo e dilemas envolvidos em questões éticas?

A ética, do grego *ēthikós*, refere-se ao modo de ser, ao caráter. Moral, do latim *moraālis,* tem a ver com regras de **conduta, costumes,** o modo aceitável e desejável de agir em uma sociedade, em uma determinada época. Situações, casos e decisões cotidianas no contexto de uma empresa pautam-se e observam, ou agridem e desrespeitam, o que seria de se esperar de uma conduta ética e moral.

As crises recentes, sociais, econômicas e políticas parecem ter como substrato constante tanto na esfera política quanto no mundo empresarial uma deterioração na observância dos princípios e valores morais. No Brasil, ao ler jornais ou assistir aos noticiários de televisão, têm sido cansativamente repetitivos os casos de corrupção, condutas inaceitáveis, fraudes, diariamente. Os mais variados tipos de escândalos envolvem políticos, autoridades das diversas instâncias de governo e partidos políticos. Em muitos desses casos, na ponta corruptora, estão empresas, algumas já constituídas especificamente para a falcatrua, mas outras são empresas de porte e com trajetórias longas. Neste ambiente que parece a cada dia mais e mais "irrespirável" do ponto de vista ético e moral, corro o risco de ser visto como um marciano recém-desembarcado de uma nave, ao defender, como defendo aqui, que se, desde sempre, a empresa deveria zelar pela prática efetiva dos bons princípios éticos e morais, no século XXI deve fazê-lo de forma ainda mais determinada. Há ceticismo, de toda ordem, em todas as esferas. Como me disse um aluno de último ano de graduação na Faculdade de Economia, Administração e Contabilidade da USP, em 2005:

> *"Professor, isto é um tanto teórico, abstrato e fora da realidade. O senhor propõe que, como futuros gestores, tenhamos uma conduta ética. Nós, nas empresas, vamos "salvar" a ética no país? O senhor está acompanhando este caso agora envolvendo ministros, deputados, partidos políticos, empresas estatais e privadas? O sistema inteiro está podre, como vamos conviver com isto?"*

Este questionamento surgiu durante um debate sobre um caso de uma empresa que estava vendendo produtos alimentícios, por erro ou má-fé, cujo peso indicado na embalagem era maior do que o ali contido. Tive que refletir, calado, por algum tempo. Afinal, trata-se de um jovem já se mostrando totalmente cético quanto ao sistema e como atuar nele. E procurei então ponderar que:

Em primeiro lugar, espero que você não se apoie na ideia (como, aliás, os políticos desse caso estão se apoiando) de que a culpa é do "sistema". Estranhamente, sistema que cabe a eles mesmo reformular. Dizem que o sistema político é que tem que ser totalmente reformulado. Ao contrário, espero que você considere sempre que diante das, por vezes, controvertidas decisões, aquelas eticamente difíceis, é o seu, o meu, o nosso arbítrio que há de prevalecer. Sempre temos a opção de não entrar no jogo que não queremos jogar. E acho que isto vai ter que ser cada vez mais considerado pelas empresas. As consequências práticas de ações ética e moralmente inaceitáveis serão cada vez mais dolorosas e trarão enormes prejuízos: multas, perdas em vendas, destruição da reputação, em certos casos levando ao fechamento da empresa. Todos nos lembramos do caso Enron, assim tratado por Pavan Sukhdev em sua celebrada obra *Corporação 2020*:

> *"graças às suas práticas sombrias de contabilidade... (a Enron) tornou-se, segundo a revista Fortune 500, a sétima maior empresa dos Estados Unidos, e sua receita anual pulou de US$ 31 bilhões, em 1998, para US$ 101 bilhões em 2000. Em 2001, a farsa da Enron despedaçou-se quando analistas do setor começaram a desconfiar da falta de transparência da empresa".*

E a crise da Enron arrastou junto a Arthur Andersen, atingindo inclusive as suas operações no Brasil, como se lê na Exame.com, de abril de 2002, ed. 0763: *"O Departamento de Justiça dos Estados Unidos feriu de morte a reputação da empresa ao acusar a subsidiária americana de deletar arquivos e destruir toneladas de papel sobre irregularidades da Enron que ela própria auditava... está em jogo uma empresa de 89 anos... 85.000 empregados... e negócios de 5 bilhões de dólares".* Em 2005, a Suprema Corte anulou a decisão anterior de condenação por obstrução à justiça, mas isto não tinha mais nenhum efeito prático, com os negócios da Arthur Andersen já absorvidos por outras firmas ou encerrados. Segundo analistas, a causa já tinha sido perdida no "tribunal da opinião pública".

As empresas, dirigidas por homens e mulheres sintonizados com as demandas e exigências do século XXI, terão que estar muito atentas às suas condutas do ponto de vista ético e moral. Enganar clientes, exercer pressões absurdas que ajudam a "quebrar" fornecedores, desrespeitar empregados ou tratá-los com discriminação, provocar distúrbios na comunidade com poluição do ar, poluição sonora, envolver-se em fraudes, corromper agentes públicos, enganar acionistas minoritários e outras tantas condutas inaceitáveis tenderão a ter cada vez mais efeitos (rápidos) e negativos. Comunidades virtuais interessadas disseminam e disseminarão informações sobre tais condutas. Casos de impacto virarão manchetes dos jornais e revistas. Como temos visto, empresas grandes e mesmo empresas tradicionais podem "virar pó" rapidamente em consequência de tais condutas. As legislações sobre corrupção tendem a endurecer. A vigilância sobre ações de monopólios e cartéis, também. A cooperação internacional no combate à corrupção cresce.

Em busca de estimular, acompanhar e aferir se as decisões tomadas na empresa são éticas e moralmente corretas, empresários terão que examinar em profundidade as origens, a fonte da má conduta. Vejo como uma das contradições potenciais fundamentais a busca obstinada de resultados com foco restrito no lucro imediato *vis-à-vis* à ação transparente e ética. O tão apregoado "foco no resultado" por vezes busca obstinadamente maximizar o lucro a curto prazo (e consequentemente incrementar dividendos, bônus, *"stock incentive plans"*, etc.). O conflito ético e moral surge quando **qualquer tipo** de ação é justificada pela busca de maximização do lucro a curto prazo. Em qualquer campo de resultado – mercado, inovação, tecnologia, financeiro, gente, gestão – há o risco de ocorrer algum deslize ético em busca do resultado, mas nada é mais deletério do que focalizar estrita e obstinadamente a maximização "curto-prazista" do lucro. Como dizem Barros Filho e Cortella[21]:

> *"A lógica do resultado, da meta e do sucesso acaba se impondo de tal forma que os procedimentos e maneira de atingir um objetivo acabam sendo sucateados e colocados como uma questão menor."*

Esta contradição potencial tem que ser enfrentada: o resultado é o que vale e interessa e os meios para alcançá-lo, sejam quais forem, se justificam? Como dizem Barros Filho e Cortella, *"este tipo de reflexão consequencialista impõe um bom resultado e considera óbvia a conduta que leva a ele".*

---

21 CORTELLA, M. S.; BARROS FILHO, C. de. *Ética e vergonha na cara!* São Paulo: Papirus 7 Mares, 2014.

Não teria eu a mais remota pretensão de propor uma saída cabal e completa para essas potenciais contradições. Aliás, como sabem todos os que já leram qualquer texto introdutório sobre filosofia moral o quanto são difíceis as decisões que envolvem dilemas ético-morais. Mas tenho algumas convicções a expor:

1. Buscar a maximização do lucro a curto prazo sem limites é o caminho da má conduta ética, como dizem Barros Filho e Cortella, já citados: *"se houver um conflito entre honestidade e resultado... uma venda em um preço maior alterado, ou entregar um produto inferior... a resposta está dada: foco no resultado"* (lucro imediato, digo eu).

2. Considerar também na definição dos resultados empresariais desejados a responsabilidade socioambiental que discutimos pouco atrás e as contradições potenciais entre resultados financeiros e **o conjunto** dos *stakeholders* e eixos de resultados. É evidente que qualquer empresa tem que alcançar resultados.

A questão é: **quais resultados** (uma visão restrita ao lucro ou que contempla o amplo conjunto de áreas e *stakeholders*?) são buscados, **como** (competência e seriedade ou "vale-tudo"?) e enfrentando ou não os **dilemas** (inerentes aos próprios resultados almejados). Os dilemas resultam das próprias contradições potenciais entre os resultados que são buscados. Muitos dilemas estão aí subjacentes nos próprios eixos de atuação e grupos/pessoas/atores interessados na ação da empresa. O que deve predominar em um dilema concreto do tipo: melhora do resultado financeiro agora à custa de danos ambientais futuros à comunidade? A empresa pode vir a sofrer sanções ou destruir a reputação que construiu. Os próprios resultados – **em uma visão ampla do que sejam os resultados empresariais** – são contraditórios entre si. Há que se buscar equilibrá-los, ponderá-los quanto à sua relevância, segundo critérios corretos. E o que há a fazer é deter-se e refletir profundamente sobre a natureza das legítimas expectativas dos diferentes *"stakeholders"* sobre a atuação da empresa. E buscar definições tão precisas quanto for possível sobre cada resultado a ser buscado. E enfrentar contradições potenciais entre os próprios resultados, quando da sua definição e respectivos critérios de mensuração.

3. Por fim, diante de uma decisão concreta a ser tomada em um caso controvertido do ponto de vista ético, envolvendo uma difícil avaliação entre o certo e o errado, ponderar cuidadosamente seus possíveis efeitos. E aqui o caminho é reconhecer que este tipo de decisão não é resolvido por um "manual de conduta" com regrinhas de certo e errado. Frequentemente essas decisões são uma verdadeira tortura. A escolha de um caminho de ação é um ato humano. Difícil pensar em regras programadas. Há que se ponderar valores em jogo. Abrir a discussão. Praticar a democracia interna. Ouvir posições sob a perspectiva de diferentes áreas e visões. Ouvir o que elas consideram o **certo** e o **errado**. Voltar aos princípios éticos e morais. Enfim, trata-se de optar, de saber por que determinado princípio, neste caso, deve ter prevalência sobre outro.

Se alguém vê o sucesso empresarial em termos de lucro imediato decorrente de licitações manipuladas, concorrências marotas, anúncios e publicidade enganosa, clientes enganados, preços artificiais e oportunamente elevados (falta de produtos, cartéis, etc.), claro, esta visão que acabo de expor é surreal. Mas é preciso ter em conta que cada vez mais será difícil operar no "escurinho do cinema". As luzes estarão cada vez mais acesas. No século XXI, essa é uma tendência que só se acentua. Não há vida fácil no equacionamento de dilemas éticos e morais. O que pode haver é **um ambiente** aberto, de transparência, democrático e de crenças e **valores** explicitados claramente e **praticados**. Tomar as decisões – escolhas entre o certo e o errado – ainda que para aprender depois que o certo não estava tão certo, mas com a consciência de que foi a melhor decisão que se conseguiu tomar ao seu tempo.

10) *Valores coerentes praticados*

> Que valores estão entrelaçados, estão subjacentes e suportam os princípios adotados?
> Esses valores estão disseminados e são efetivamente praticados?

Voltemos por um instante ao nosso idioma para buscar o sentido dos termos. **Princípios** pode-se entender como maneiras de ver uma questão, regras de conduta, fundamentos. Nessa nossa discussão buscamos debater temas centrais e princípios básicos, fundamentos, sobre o papel da empresa na sociedade. No sentido aqui tratado, o termo **valores** refere-se ao mérito, à importância que se atribui a alguma coisa, evento ou pessoa. Ajuda-nos a compreender o comportamento humano. Como diz Scheibe[22], *"o comportamento (o que uma pessoa faz) depende do que ela quer (seus valores) e do que ela considera verdadeiro sobre ela própria e o mundo (suas crenças)"*. Por exemplo: uma pessoa está pintando a parte inferior do tronco de uma árvore. Este é o comportamento observado. O valor é o de preservação da árvore, protegendo-a contra pragas e insetos. A crença é de que a pintura de uma determinada maneira é uma proteção adequada. Vê-se, então, que princípios, crenças e valores andam juntos. Ao se estabelecer os princípios fundamentais, eles carregam consigo determinados valores. Se, por exemplo, ampliamos a visão sobre resultados empresariais para incluir aqueles resultados sobre o meio ambiente, a comunidade, a sociedade, estão implícitos valores como responsabilidade, respeito, abertura, transparência.

Outro exemplo: no tópico sobre posturas na cadeia de suprimento, vimos que antes de quaisquer considerações técnicas e de gestão, as posturas adotadas em relação as demais entidades da cadeia decorrem de crenças e valores, explícitos ou não, mas que estão lá, a governar atitudes tomadas. O discurso poderia até ser bonito, mas ocorre que valores se enraízam culturalmente e são levados a sério somente quando efetivamente praticados. Jamais vimos políticos no Brasil que não dizem considerar a honestidade e o combate a corrupção como valores fundamentais. Em relação ao que temos visto na prática, infelizmente, há um abismo enorme. E, como é evidente, estamos longe, muito longe, de uma cultura de honestidade e observância de preceitos éticos e rigor na conduta pública e privada.

Este é o desafio: não pode haver abismos entre o discurso e a prática se a empresa pretende que os princípios declarados sejam levados a sério, interna e externamente. Cada um dos dez temas que estamos aqui

---

[22] SCHEIBE, K. E. *Beliefs and Values*. New York: Holt, Rinehart and Winston, 1970.

discutindo implicam crenças e valores adotados e praticados. Observe, por exemplo, um destes valores: **cooperação** e veja que sua observância e prática tem a ver com todos os princípios. É a crença de que cooperação funciona na prática.

É o valor de que cooperar, colaborar, atuar conjuntamente é importante e eficaz.

Tornou-se prática relativamente disseminada nas empresas formular e comunicar amplamente a tríade: visão, missão, valores. O que é preciso nem sempre ocorre: que esta declaração corresponda, inspire e balize a cena diária, que esteja de fato refletida na conduta. Destacar e explicitar certos valores coerentes com os princípios adotados é uma boa prática, especialmente buscando o seu significado e observando-os no dia a dia:

- **Abertura:** que vem do latim, *apertūra*, sem cobertura, exposto, livre, que denota franqueza, sinceridade.
- **Autenticidade**: qualidade do que é verdadeiro, está de acordo com a verdade, é legítimo, genuíno.
- **Transparência:** do verbo transparentar, tornar transparente, tornar claro, deixar ver o que está por detrás.
- **Cooperação:** operar simultânea ou coletivamente. Colaborar, trabalhar em comum com outrem, agir com outrem para obtenção de determinado resultado.
- **Compartilhamento:** ato de compartilhar, participar, partilhar com alguém.
- **Respeito:** apreço, consideração, sentimento que nos impede de fazer ou dizer coisas desagradáveis a alguém. Observar, cumprir, tratar outros com zelo e consideração.
- **Seriedade:** qualidade do que é serio, integridade de caráter.
- **Comprometimento:** ato de comprometer-se, empenho.
- **Responsabilidade:** obrigação de responder pelas ações próprias ou pelas coisas confiadas.
- **Integridade:** retidão, honradez. O que está inteiro. Que não é possível corromper.

A prática destes valores, claro, está presente em todos os temas relativos aos princípios. Se percorrermos essa discussão como uma "lista" solta, talvez não tenham o efeito esperado, mas como parte de uma filosofia empresarial consistente farão todo sentido.

Uma declaração de princípios e valores

Toda esta discussão sobre a filosofia de uma empresa – verdadeiro "mergulho" nos princípios, nas próprias crenças e valores que tem a ver com a vida das empresa e dos seus líderes – e que percorre esta vasta gama de temas abordados (propósito, responsabilidades com partes interessadas, pessoas, inovação, clientes, sucesso, questões ambientais, conduta ética) será finalmente traduzida em algumas poucas folhas escritas, três, quem sabe quatro ou cinco folhas de papel. Só que cada palavra ali escrita é escolhida cuidadosamente para refletir o que se pretende, para tornar tão claro quanto é possível, os princípios adotados, os valores que os permeiam. Provavelmente um terceiro, sem o conhecimento e a vivência na empresa, que leia esta declaração poderá simplesmente achar interessante, "bem escrito". Para aqueles que vivem estes princípios, cada palavra terá enorme peso e significado. Trata-se de explicitar os fundamentos sobre os propósitos, conduta e ação empresarial. O famoso "Nosso Credo", da Johnson e Johnson, em duas folhas sintetiza seus princípios. E, como dizem Collins e Porras, *"apesar de a redação do Credo ser revista periodicamente desde 1943 (quando foi escrito) a ideologia básica, a hierarquia de responsabilidades que vai dos clientes aos acionistas – e a ênfase explícita em um retorno justo e não máximo – manteve sua consistência desde a criação dele"*.

O planeta aguenta?

No seminário a que me referi sobre inovações na gestão, propus exatamente isto: que a grande inovação tem origem neste tipo de concepção sobre a filosofia empresarial, sintonizada aos desafios deste século XXI, desafios de novos tempos. Ao se iniciarem os debates, um empresário, com a liberdade de ser meu amigo, fez uma intervenção, com certo tom irônico, mais ou menos assim:

> *"Na minha empresa estamos comprometidos em produzir e entregar ótimos produtos aos clientes, atendê-los plenamente no que precisam, eles se mostram satisfeitos, continuam comprando. As pessoas que trabalham conosco vivem em um clima aberto e positivo... estão sempre aprendendo, evoluindo... estão motivadas... são remuneradas com critérios sadios e meritocráticos. Recolhemos todos os impostos rigorosamente em dia. E a empresa aguenta toda a sorte das conhecidas exigências burocráticas absurdas, deficiências de infraestrutura...etc. Agora, pela sua linha de raciocínio, parece que, nas horas vagas, temos que atuar para salvar o mundo... acho que, mais isto, a empresa não aguenta".*

E o planeta, aguenta? Meu amigo empresário mostrou-se um tanto surpreso com a minha resposta-pergunta. Mas eu disse a ele que "se o planeta não aguentar, sua empresa também não aguentará". A pergunta-resposta pode parecer um tanto quanto dramática. Mas, a depender do que se faça ou se deixe de fazer, a situação do planeta tende mesmo a ser constantemente afetada por fatos dramáticos. Não só nas questões climática e ambiental. Há várias questões, como vimos, também muito delicadas sobre democracia, política, capitalismo, economia, avanços tecnológicos, empregos, imigração, acordos e instituições de coordenação global, etc.

É evidente que não cabe às empresas – muito menos a cada uma isoladamente – a tarefa de "salvar o mundo nas horas vagas". Mas elas têm grande responsabilidade e, mais importante, enorme potencial para dar uma contribuição efetiva, pela sua força econômica, tecnológica, criativa e social. Na questão ambiental, produzindo e disponibilizando, como já vem começando a ocorrer, soluções tecnológicas, produtos, serviços no campo de uma inovação sustentável e mobilizadora de uma economia "verde". Mas este é um esforço coletivo de governos, de países, de acordos globais, da população mundial. Todos nós temos que nos conscientizar e contribuir. E as empresas lúcidas saberão que o planeta precisa **aguentar** para que elas **aguentem**, isto é, prossigam em uma trajetória de sucesso, delas e da sociedade. O mundo da racionalização e eficiência isolada está no fim. Temos que caminhar para a socioeficiência global de que fala Haque.

Essa busca de uma socioeficiência global se depara agora com questões que caminham para o seu limite e com outras, que põem em dúvida o que parecia "fora de discussão". Eis como Carlos Nobre, climatologista e pesquisador do INPE – Instituto Nacional de Pesquisas Espaciais, refere-se à questão do aquecimento global, em entrevista ao jornal O Estado de São Paulo (15/12/2014):

> *"se realmente há um desejo global de impedir que a temperatura média suba mais que 2% ao final deste século, esses compromissos precisam ser mais rápidos e urgentes, com patamares muito maiores de reduções de emissões... pouquíssimos cientistas diriam que estamos numa trajetória sustentável".*

Essa entrevista é de 2014, antes da COP 21[23], na qual, em dezembro de 2015, em Paris, 195 países aprovaram um acordo histórico sobre o clima. Mas, já em janeiro de 2016, assume Trump que, em junho de 2017, anuncia a decisão da retirada dos Estados Unidos do acordo. Para ele, o aquecimento global, como escreveu no seu *Twitter*, não passa de um mito inventado pelos chineses para prejudicar a indústria americana. Há controvérsias, mas parece predominar uma visão de que essa questão do aquecimento global caminha para o limite.

Até muito pouco tempo atrás estava fora da agenda de discussão uma retirada dos Estados Unidos do acordo. Mas esse tema do aquecimento global é só um dos temas de uma agenda muito turbulenta que, possivelmente, nos leva a novos tempos, a requerer novos pensamentos e

---

[23] COP – Conference of the Parties.

comportamentos, uma evolução da consciência de líderes e organizações. É o que se segue.

Não é só esta a solução, mas será de grande valia que bons exemplos de atuação empresarial já existentes se multipliquem. Bons exemplos desta ordem pressupõem uma nova concepção quanto à postura da empresa na sociedade. Uma filosofia de ação ajustada a novos tempos. Novos tempos levam a novas formas de pensar, a novos sistemas de valores e novos líderes. Trata-se não de algumas técnicas modernas de liderança, mas sim de um processo de evolução da consciência.

É o que Graves, seguido por Beck-Cowan, ensina em *Dinâmica da espiral*. É do que trato a seguir.

Capítulo 10

A EVOLUÇÃO DA CONSCIÊNCIA DE LÍDERES E ORGANIZAÇÕES: A DINÂMICA DA ESPIRAL DE BECK-COWAN

A brevíssima explicação sobre a vasta obra de Wilber, já mencionada, inclui, entre diversos ângulos, buscar compreender como se dá a evolução e o desenvolvimento dos níveis de consciência do ser humano. Wilber analisa, compara e conclui haver muita similaridade entre diferentes pesquisadores a partir de diferentes perspectivas: entre outros, Commons, Richard, Piaget (desenvolvimento cognitivo), Graves, Beck, Wade (valores), Loevinger, Cook-Greuter (autoidentidade). Este aspecto dos níveis de consciência que discuto a seguir é aquele inicialmente desenvolvido por Graves e cuja brilhante continuidade foi dada por Beck e Cowan. Beck e Cowan tinham no professor de psicologia Graves "um amigo e mentor" e ressaltam a sua extraordinária visão e contribuição quando decidiu deixar de lado a mera discussão de controvérsias entre as teorias da psicologia, então prevalecentes após a Segunda Guerra Mundial, para *"chegar ao cerne da questão, a explorar por que é que as pessoas são diferentes, por que é que algumas mudam e outras não, e qual a melhor forma de navegar através das emergentes (e às vezes caóticas) versões da existência humana"*.

Eles escreveram *Spiral Dynamics*, fruto de mais de 40 anos de pesquisa, em 1996 (conforme já mencionado, traduzido em Portugal anos depois e publicado pelo Instituto Piaget). Busco alinhavar a seguir o que me parece ser a essência da visão que nos trazem sobre a evolução dos níveis de consciência humana: parece-me que essa essência pode ser capturada através das ideias e conceitos sobre os MEMES, os níveis de consciência, os de primeira e de segunda camada, e a dinâmica da espiral.

MEMEs

O termo *meme* foi cunhado por Richard Dawkins ao abreviar a raiz grega "mimeme". A expressão *meme*, em contraste com *gene*, foi empregada depois por Mihaly Csikszentmihalyi em *The Evolving Self* (1993): *memes* identificando as origens do comportamento humano em contraste com os *genes*, determinantes de condições do organismo e características físicas.

Um *meme* contém instruções de comportamento, símbolos e valores que passam de geração em geração e mantém coesos os sistemas sociais. No dizer de Beck e Cowan, *"o que os genes bioquímicos são para o nosso ADN celular, são os vMEMES para o nosso ADN psicossocial e organizacional"*. A Dinâmica da Espiral propõe um *meme* de valores (vMEME). Os vMEMEs se estendem pelos grupos humanos, estruturando o pensamento, os sistemas de valores, a visão de mundo de civilizações inteiras. Os vMEMEs atuam no nível dos indivíduos – modelam as prioridades das suas vidas e os seus valores –, no nível das organizações, podendo determinar seu sucesso ou fracasso no negócio e no "tribunal" da responsabilidade social e, por fim, no nível das sociedades, locais ou nacionais.

Os vMEMEs não são, em si mesmos, nem bons nem maus, positivos ou negativos. O mesmo vMEME *"que produz o misticismo navajo1 ou as viagens de fantasia de Walt Disney pode também ser amaldiçoado por superstições ou influenciado a beber a suicida Kool-Aid... de Jim Jones, na Guiana"*.

---

1   Navajo – Povo indígena da América do Norte.

CAPÍTULO 10 — A EVOLUÇÃO DA CONSCIÊNCIA DE LÍDERES E ORGANIZAÇÕES...

Ou seja, cada vMEME pode se manifestar tanto de forma saudável, quanto de forma patológica. Assim como podemos ter *"genes tóxicos e perigosos que preveem problemas físicos no futuro"*, podemos ter *memes* sórdidos e desagradáveis ocultos nas nossas atitudes, crenças e comportamentos. Ou vMEMEs inadaptados que pretendem controlar indivíduos, organizações ou culturas.

Os vMEMEs, enfim, podem ser entendidos como paradigmas orientadores de caráter geral, um esquema através do qual nós interpretamos o mundo. Cada vMEME leva a certas crenças, padrões de motivação, agrupamentos sociais, dinâmica organizacional, metas. Vejamos a seguir como os vMEMEs caracterizam níveis de consciência.

Níveis de consciência

Beck e Cowan adotam cores para caracterizar cada nível de consciência. Cores não trazem consigo conotações de hierarquia, de melhor, pior. Identificam duas camadas, a primeira com seis níveis identificados pelas seguintes cores: bege, púrpura, vermelho, azul, laranja e verde. A segunda camada inclui dois níveis: o amarelo e o turquesa.

Da primeira para a segunda camada ocorre uma forte mudança de enfoque no pensamento: cada um dos níveis de primeira camada tem o pensamento focado no nível específico e vê os níveis abaixo como **atrasados** e os superiores como **errados**, enquanto a segunda camada passa a um pensamento que abrange todos os níveis, entende cada nível como válido na sua dimensão e dá prioridade à saúde da espiral como um todo.

Os vMEMEs constitutivos de cada nível são respostas **às condições de vida e desafios de determinado tempo.** *"Tempos diferentes forçam-nos a pensar de forma diferente"*, como dizem Beck e Cowan. E assim apresentam uma primeira rápida introdução aos oito vMEMEs que apareceram até então e em torno dos quais as ideias e crenças se reúnem:

	vMeme	Designações	Motivos Básicos
PRIMEIRA CAMADA	Bege	- Instinto de sobrevivência - Arcaico-instintivo	- Permanecer vivo através de equipamento sensório-motor inato.
	Púrpura	- Espíritos aparentados - Mágico-animista	- Relações de sangue e misticismo num mundo mágico e assustador.
	Vermelho	- Deuses de Poder - Oportunista	- Impor poder sobre o eu, os outros e a natureza através de independência explorativa.
	Azul	- Força da verdade - Tradicional	- Crença absoluta num caminho certo e obediência à autoridade.
	Laranja	- Esforço direcionado - Realizador	- Pensamento focado em tornar as coisas melhores para o eu.
	Verde	- Vínculo humano Pluralista	- Máxima prioridade ao bem estar das pessoas e à construção de consenso.
SEGUNDA CAMADA	Amarelo	- Fluxo flexível - Integrativo	- Adaptação flexível à mudança através de visões de grandes imagens relacionadas.
	Turquesa	- Visão global - Holístico	- Atenção à dinâmica de toda a Terra e ações num nível macro.

(ADAPTADO DE QUADRO DA PÁG. 57 DE *DINÂMICA DA ESPIRAL*)

Vejamos com mais detalhes cada um dos níveis e como Beck-Cowan os caracterizam:

BEGE: o vMEME instintivo

Centrado na satisfação das necessidades biológicas. Movido pela sobrevivência física, tem como prioridades o alimento, a água, o abrigo e a segurança. Pouca consciência do eu como um ser distinto. Impacto mínimo no ambiente e na busca de controlá-lo. Trata-se de um estágio praticamente automático da existência. Este esquema de pensamento está presente na infância e, caso apareça na idade mais avançada, será devido, por exemplo, à doença de Alzheimer. Emoções são raras e o vMEME é basicamente amoral. É nosso ponto de partida na jornada da vida. Exemplos de bege então são os bebês, idosos senis, moradores de rua com problemas mentais.

PÚRPURA: o vMEME tribal

Pensamento animista. Crença em espíritos mágicos, bons e ruins. Deve-se obedecer aos desejos dos seres espirituais. Bênçãos ou maldições são determinantes na vida. Mostra lealdade para com os mais velhos, os costumes e a tribo. Procura harmonia com o poder da Natureza. *"O vMEME púrpura começou a despertar quando uma vida bem-sucedida permitiu a curiosidade pelo mundo maior... e a consciência de todas as ameaças à segurança que este mundo encerrava",* dizem Beck e Cowan.

Púrpura é onde tem início a atenção ao comunitário/coletivo. Exemplos de púrpura são tribos indígenas, gangues. A evolução de bege para púrpura se dá quando a criança começa a compreender que alguns comportamentos trazem comida e abraços e quando inicia-se o pensamento simbólico (primeiras palavras, mamãe, papai, vô...). O vMEME púrpura é carregado com tendências do lado direito do cérebro, intuição, ligações emocionais e com a imaginação focalizada em cultos, talismãs, bruxarias, superstições, mitos. Há espíritos e almas por toda a parte. Estatuetas, máscaras carnavalescas, pés de coelho, as três batidas na madeira e o sal grosso refletem o misticismo púrpura na vida.

VERMELHO: o vMEME egocêntrico

O vermelho é o primeiro vMEME claramente orientado para o "EU". Manifesta-se há cerca de 10 mil anos em um "eu" que se distingue da tribo e que é poderoso, impulsivo, conquistador. Mas é também libertador e criativo. Resiste fortemente ao poder exercido sobre ele. Não o aceita. No **vermelho,** indivíduos fortes e agressivos tendem a assumir controle dos grupos. O mundo é visto como uma arena de ameaças e predadores. E nela, o "eu" está voltado para desfrutar o máximo, agora. Existe o vMEME vermelho em cada um de nós. Não se trata de uma aberração, mas sim parte normal dos vMEMEs humanos. Há exemplos positivos, onde a determinação, a coragem e a agressividade do vermelho levou aos pioneiros do oeste americano ou aos bandeirantes do Brasil. E também os exemplos do crime organizado, grupos terroristas, *black blocs*, torcidas de futebol em conflito.

AZUL: o vMEME determinado

No **azul** há absoluta prevalência da lei, da regra, da norma e da disciplina. Opera segundo códigos de conduta que determinam o que é certo e errado. Busca descobrir o sentido e os objetivos da vida. Vê o significado e a direção da vida determinados por uma ordem superior. Reforça os princípios de uma vida virtuosa. O plano divino designa a trajetória de pessoas. Obediência, hierarquia, honra e lealdade são critérios de conduta. O vMEME azul desperta buscando estabilizar a tumultuada rivalidade do vermelho. O ego individual precisa ser acalmado por uma ordem superior, muito mais forte. Com sua afirmação, o vMEME azul conduz *"ao prazer de ter um objetivo, raciocínio e sentido na vida"*. Exemplos do vMEME azul são os movimentos religiosos, culturais, sociais, nacionalistas, inclusive burocracias, organizações conservadoras, escoteiros, organizações militares.

LARANJA: o vMEME estratégico

O esforço aqui é pela autonomia e independência. O "eu" liberto da mentalidade de rebanho. Procura da abundância material. Mérito. Racionalidade e análise como base das decisões e ações. Empreendimentos. Forte orientação para resultados. Valorização da experiência testada. Busca de desenvolvimento científico e tecnológico, permitindo melhorar a vida de muita gente.

Enquanto o pensamento azul baseia-se em um único caminho *certo*, o laranja considera que há *múltiplos caminhos possíveis, mas um é melhor*. Ações bem-sucedidas são o que determinam o que está certo. Pode adotar valores materialistas e colocar o pragmatismo acima do princípio. As lideranças de empresas de cultura laranja utilizam muitas metáforas militares, esportivas, enfim, aquelas que retratam como vencer a competição, a concorrência. Cultuam a autoconfiança. Cada um é responsável por si próprio. Vença pelo seu desempenho, pela sua contribuição aos resultados.

VERDE: o vMEME relativista

Prepondera o pensamento humanista e relativista. Cabe explorar o ser interior, do "eu" e do outro. Pluralismo. Partilha de recursos da sociedade entre todas as pessoas. Sensibilidade, libertação da ganância, preocupação com a ecologia. Ênfase no diálogo, busca de consenso, valores comunitários, trabalho em rede. O exemplo são organizações do tipo Greenpeace, Teologia da Libertação, ONGs sociais, ecologia, etc. Do laranja para o verde, na sua fase de entrada, dizem Beck e Cowan:

*"O vMEME verde é o clímax dos sistemas de pensamento da Primeira Camada, o culminar daqueles velhos cérebros, baseados na subsistência como modo de vida. É o resultado tanto dos sucessos, como dos fracassos dos cinco vMEMEs que dominaram até o último século... mas, como podemos verificar, ainda é um passo atrás do nível de complexidade que a humanidade precisa para **resolver os problemas do século XXI**... embora... represente um bom esticão para a vasta maioria de pessoas hoje vivas".* O "passo ainda atrás" refere-se ao despertar dos níveis de segunda camada (amarelo-turquesa) dos quais trataremos adiante. Antes, no entanto, convém relembrar e complementar algumas condições relativas à espiral e à primeira camada. Um aspecto importante é que cada novo nível transcende, mas prossegue incluindo os níveis anteriores. Assim é que o mesmo indivíduo pode lançar mão de diferentes níveis quando enfrentando situações adversas. Por exemplo, alguém que sai de seu trabalho ao fim da tarde (satisfeito com sua atuação **laranja** durante o dia) para encontrar amigos. De repente, no trânsito, toma uma "fechada" e aciona sua agressividade **vermelha**, mas, depois, em uma difícil discussão profissional com seus amigos, ouve atentamente, concilia posições, busca consenso, enfim, aciona o vMEME **verde** para o qual talvez esteja começando a se mover. Não somos uma coisa só. O vMEME talvez preponderante neste caso, o laranja, não desativou os demais. No entanto, da sua perspectiva laranja, o azul, por exemplo, está errado por se aprisionar demais às regras burocráticas e perder o foco no resultado. O verde está errado quando, por exemplo, inviabiliza o progresso com questões ambientais não comprovadas cientificamente. Ou seja, níveis inferiores ao laranja são "atrasados" e

o superior está "errado". A mesma coisa ocorre qualquer que seja o nível preponderante.

Wilber, em seu romance pós-moderno *Boomerite*[2], faz uma interessante e bem-humorada análise desta questão (a começar pelo título, alusão a uma espécie de infecção causada pela geração do *"baby boom"*). Ao relatar sua própria experiência de vida com seus pais, Ken Wilber (ele se coloca como próprio personagem principal, um estudante de ciência de computação que vai parar em uma conferência em um tal Centro Integral, em São Francisco) é cáustico *"porque, boomers não são pais, são uma força da natureza"* e diz ao seu pai *"Não é que você não ouça, papai, porque você ouve. O problema é que você não escuta o que ouve. Você escuta o que pensa"*.

O conferencista da abertura no Centro Integral, Morin, ele próprio um *boomer* não deixa dúvida: *"Parece que a minha geração tem sido uma extraordinária mistura de grandeza e narcisismo e este estranho amálgama infectou quase tudo o que fizemos"*. Não nos contentamos, simplesmente, em ter uma boa ideia, devemos ter o novo paradigma sobre *"uma das maiores transformações da história do mundo*. Não desejamos realmente reciclar garrafas e papel, precisamos nos ver, dramaticamente, salvando o planeta, salvando Gaia... temos que nos ver como o *"extraordinário milagre de sermos nós"*.

Eis que a 2ª Conferencista inicia com uma frase que chama muito a atenção de Ken:

Estamos no limiar de um *"salto quântico para o hiperespaço da consciência de segunda camada"*, ao introduzir o debate sobre a dinâmica da espiral de Graves, Beck e Cowan, dizendo que *"o modelo de Graves, até o momento, já foi testado em mais de 50.000 pessoas no mundo inteiro, não sendo encontradas exceções importantes ao esquema geral"*. A conferencista segue apresentando os níveis de consciência e chega ao **verde** – *"O eu sensível, comunitário, de vínculo humano, sensibilidade ecológica, operação em rede"*. É onde Ken vê os seus pais, embora com um tanto de **púrpura** na mãe e **vermelho** no pai, ambos têm um centro de gravidade **verde**. O

---

[2] Wilber, K. *Boomerite*: um romance que tornará você livre. São Paulo: Madras, 2005.

avanço e a contribuição proporcionada pelo verde é evidente. E aí surge o ponto polêmico. O avanço agora é em direção ao pensamento de segunda camada (amarelo, turquesa), mas os MEMEs de primeira camada resistem a este "salto quântico". Diz a conferencista citando Don Beck:

> *"o pensamento de 2ª Camada tem de emergir defrontando-se com muita resistência do pensamento de 1ª Camada... a versão do MEME VERDE pós-moderno, com seu pluralismo e relativismo, vem combatendo ativamente a emergência de pensamentos mais integrativos e holísticos. E sem um pensamento de segunda camada, a humanidade estará fadada a ser vítima de um doença autoimune global, onde vários **vMEMEs unirão-se uns contra os outros**, em uma tentativa de estabelecer supremacia".*

Este é o filme, de fato, que temos assistido. O **azul** fundamentalista e dono da verdade a guerrear com **vermelhos** infiéis. O vermelho, quando disfuncional, a gerar pavor com as gangues urbanas. E assim segue. E complementa a personagem conferencista... *"e o **verde** acusa a consciência de segunda camada de ser autoritária, hierárquica, patriarcal, opressora, racista e sexista".*

Um pouco adiante vamos analisar com mais detalhes estes vMEMEs de segunda camada, que buscam a visão e a saúde do todo da espiral. A considerar a alternativa de *"estarmos fadados a conflitos sem fim de uns MEMEs contra outros"*, temos todas as razões para desejar e apoiar a sua emergência, este salto quântico da consciência humana.

A dinâmica da espiral

A analogia com uma espiral está na raiz da visão de Graves-Beck-Cowan sobre a evolução dos níveis de consciência. *"A vida da espiral é expansiva, aberta, contínua e dinâmica. Todos os pontos da espiral estão vivos a um só tempo. E, contudo, existe também uma inteligência interior que atrai as curvaturas em uma estrutura hierárquica".* Passamos, diante de novas condições de vida, ou através de profetas visionários, a formular novas concepções de sistemas de valor, novos vMEMEs. Estes avançam e passam a prevalecer nos grupos, nas sociedades, até que novamente comecem a não "responder" adequadamente a condições novas. Novos níveis não "desativam" anteriores. Todos prosseguem conosco. E isto vale para indivíduos, organizações e sociedades.

As forças dentro das espirais humanas que ziguezagueiam através das mentes individuais, conduzem organizações a novas plataformas, e levam sociedades a evoluir através de camadas de complexidade. Clare Graves, dizem os autores, foi ao cerne da questão ao afirmar:

> *"Resumidamente, o que estou a propor é que a psicologia do ser humano maduro é um processo espiralizante a revelar-se, emergente, oscilatório, marcado pela subordinação progressiva dos sistemas de comportamento mais antigos, de ordem mais baixa, a sistemas mais novos, de ordem mais elevada, à medida que os problemas existenciais do homem se modificam".*

Novos tempos, novos pensamentos. Como dizem, Beck e Cowan, citando Einstein, *"os problemas por nós criados não podem ser resolvidos com o mesmo pensamento que os criaram"*.

Adentramos então a segunda camada, níveis amarelo e turquesa, uma visão revolucionária, um pensamento que abrange todos os níveis, reconhecendo a validade de cada um nas suas circunstâncias, e cuidando da "saúde" da espiral como um todo.

AMARELO: o vMEME sistêmico

Pensamento pluralista, que busca integração, marca o amarelo. Aceitação da inevitabilidade dos fluxos e formas da natureza. Flexibilidade, espontaneidade. Busca descobrir misturas naturais de "verdades" e "incertezas" conflitantes. Liberdade pessoal, sem prejudicar os outros e sem excessos do interesse pessoal.

Na fase de entrada, o verde/AMARELO recém-iniciado – com a mudança para o pensamento de segunda camada – faz com que o avanço conceitual dos seres humanos seja mais do que a soma de todos os níveis prévios combinados. Segundo Beck e Cowan, *"quando é designada uma dada tarefa a indivíduos, ou grupos, a pensar através do amarelo, como regra geral, eles obtêm mais e melhores resultados, com menos tempo e esforço".* Tendem a abordar desafios de maneiras surpreendentes que outros nem teriam considerado. É mais do que ser eficiente: *"reflete a ativação de um poder cerebral até então não descerrado"* (Os problemas também estão em uma ordem de magnitude mais complexa e perigosa.). No deslocamento do **verde** para o **amarelo**, as *"pessoas toleram, chegam mesmo a apreciar paradoxos e incertezas"*. Haverá pouca ou nenhuma resistência em aceitar a legitimidade e os recursos de todos os sistemas de valores despertados até então: "a procura **azul** do verdadeiro significado da vida... o movimento **laranja** em busca de resultado e assim por diante". É um vMEME integrativo, cujo tema básico é *"viver completa e responsavelmente com o que somos e com o que aprendemos a ser"*.

Exemplos começam a surgir, segundo citados por Beck e Cowan, em: Astronomia de Carl Sagan, Organizações de Peter Senge, Deming, Teoria do Caos, Tecnologia apropriada, parques ecoindustriais (utilizando fluxos uns dos outros como matéria-prima), "Nova Física" de Fred Alan Wolf e "AgelessBody" de Deepak Chopra.

TURQUESA: *o vMEME holístico*

Lembremo-nos do tema central da dinâmica da espiral: *"fatores ambientais (tempo, lugar, condições e circunstâncias) despertam nas pessoas sistemas destinados a interagir com a sociedade e a adaptarem-se àquelas condições de vida específicas. Alguns indivíduos podem ter nascido fora do seu tempo. Nos tempos melhores, são venerados como sendo profetas, orientadores e visionários. Noutras épocas, são encarcerados, queimados vivos ou expulsos para uma terra sem dono... obviamente que estamos a atravessar um grande número de limiares tecnológicos e ambientais durante esta geração"*. Qualquer destes limiares tem o potencial para detonar/arrebentar uma bomba evolutiva, que poderá mudar totalmente a direção de nossa espécie.

Lembremo-nos de que, na perspectiva de Graves, "bombas evolucionárias" já explodiram neste planeta em sete alturas diferentes. Já se sentem as vibrações do oitavo rebentamento, a libertação do mundo **turquesa**. Diferencia-se do amarelo ao se encaminhar para um ponto de vista mais comunitário, mais coletivo. Trabalha com a integração de todos os níveis da espiral. Harmoniza o coletivo e indivíduos. Expande a utilização das competências da mente humana. O ser é visto como parte de um todo superior. Surgimento de uma nova espiritualidade, união dos sentimentos e do conhecimento. *"Age para uma vivência minimalista, de forma a que pouco seja na verdade muito"*. Vê um mundo de causas e efeitos interligados, de campos de energia em interação e níveis de ligações e comunicações que a maior parte de nós está ainda por descobrir. Visões são globais, *"tudo de uma vez, antes da ação"*.

São exemplos, ainda neste estágio embrionário, do vMEME **turquesa**: teorias de David Bohm, Aldeia Global de McLuhan, a ideia de Gandhi sobre harmonia pluralista, Espectro da Consciência de Ken Wilber, Hipótese de Gaia de James Lovelock, "Noosfera" de Pierre Teilhard de Chardin.

Os vMEMEs, como já foi dito, são blocos de valores, de instruções, de comportamentos, de formação de padrões culturais. É natural, e até previsível, que, assim como indivíduos, as organizações também mesclem vMEMEs, incorporando novos níveis, sem "deletar" os níveis inferiores. Não necessariamente isto é ruim. Uma equipe de vendas predominantemente **vermelha** busca vencer cada concorrência por um negócio, objetivando também seus prêmios e comissões. Ou, por exemplo, um time mais **azul** na contabilidade fiscal, que faça cumprir as leis, regulamentos e normas internas e outro mais **laranja**, focalizado em criar e acompanhar mensurações e análises inteligentes e oportunas, por exemplo, sobre a formação de resultados na contabilidade gerencial. Como também uma área de gestão de pessoas com predominância no vMEME **verde** pode trazer uma ótima contribuição, por que não? A dificuldade que este cenário pode produzir – e que não é pequena – deriva da tendência de um vMEME, vendo-se como o certo, achar os demais errados. Uma típica cultura ou... ou... (ou é isso ou é aquilo) se estabelece. O que exige uma

CAPÍTULO 10 — A EVOLUÇÃO DA CONSCIÊNCIA DE LÍDERES E ORGANIZAÇÕES...

liderança sensibilizada com a importância de compreender e atuar a favor da saúde da espiral como um todo. Se a própria liderança toma partido de determinado vMEME contra os outros, obviamente ela se converte em uma estimuladora de uma guerra interna (inclusive contra valores que são oportunos em uma determinada área). Os princípios, a filosofia adotada, é bom que se lembre, derivará dos vários MEMES correspondentes ao **estágio da evolução da consciência daqueles que lideram a empresa**. Não é possível imaginar, digamos, "princípios verdes" em uma empresa criada e liderada pelo vMEME vermelho, como vimos, voltado para desfrutar ao máximo agora, orientado para o EU, poderoso, impulsivo, conquistador.

Mudanças são intensas e rápidas neste século XXI. Uma liderança calcada no vMEME vermelho tenderá a adotar princípios que têm a ver com a imagem de uma guerra competitiva a ser vencida, sempre buscando novas armas para essa "guerra". Uma liderança predominantemente **azul** formulará princípios que reforcem a ordem interna frente a uma "desordem" neste ambiente mutante, com ares de caótico. Uma liderança **laranja** enfatizará os princípios que levem a tirar proveito das oportunidades, buscar resultados em uma visão pragmática, talvez até demais. E que pode tornar-se perigosa diante das crescentes pressões da sociedade. Uma liderança **verde** operará segundo princípios humanistas, de respeito pelos recursos da sociedade, pela consciência ecológica. O que já ocorre em muitas empresas, embora minoritárias. De qualquer forma, é um pensamento de primeira camada. A cada estágio vendo os inferiores como **atrasados** e os superiores como **errados.**

E agora parece necessária uma liderança atuando para sair dos dilemas maniqueístas do certo/errado nos vMEMEs, o que é típico, como vimos, nos vMEMEs da primeira camada.

Estamos, então, necessitando de líderes de segunda camada? Estaríamos caminhando na direção de líderes **amarelo-turquesas**? É o que pretendo discutir a seguir.

Capítulo 11

LÍDERES PARA O SÉCULO XXI

Venho argumentando que o sucesso continuado não apenas, mas é, em larga medida, decorrente de uma filosofia, um conjunto de "princípios existenciais" ajustados ao tempo em que se vive, sistemática e coerentemente aplicados ao longo do tempo. São princípios (e sucessos) duradouros, conforme vimos em muitos casos exemplares citados. Na linha de pensamento seguida, esta é a inovação raiz de todas as outras: a adoção de uma filosofia empresarial que se ajuste não a esta ou aquela mudança tecnológica ou econômica, mas sim que se sintoniza com novos tempos. A pauta desta agenda sobre a filosofia empresarial passa por complexidades e ambiguidades de toda a ordem. Sem tergiversar e afastar-se de maniqueísmos primários – por exemplo, "buscamos o sucesso e o retorno imediato... não há tempo, nem recursos financeiros para as filigranas socioambientais" – assume compromisso com todos os *stakeholders*, além daquele com os *shareholders*. Assume, com determinação, o compromisso com um mundo melhor. Assume uma missão, um propósito, que dá significado a todos que lá trabalham. Buscam melhorar, de forma integral, a vida dos clientes que servem. Esmeram-se em prover um ambiente positivo de crescimento humano e profissional para as pessoas (que gostam) de lá trabalhar. Usam recursos de forma produtiva e responsavelmente em um **ciclo de valor** e não em uma **cadeia linear**. Tratam de minorar externalidades negativas e que assumem compromissos, no modelo de gestão, com resultados econômicos e sociais positivos para a sociedade. Em essência, que assumem atuar com o senso do bem comum. Como diz meu amigo Luiz Carlos Cabrera[1], "agir levando em conta o bem comum é abandonar o egoísmo e fazer um exercício de respeito ao próximo". E que fique claro: isto não pode significar (e nem seria viável) desculpas por um mau desempenho em termos de lucro e retorno aos acionistas e capacidade de reinvestimento nos negócios. Tudo isto em um ambiente global absolutamente instável. Que tipo de líder pode conduzir a empresa, nesse contexto, ao sucesso continuado? Quais teriam sido as características predominantes de líderes e organizações no século XX? Prosseguem apropriadas para os novos tempos?

Penso que os líderes que teriam predominado, particularmente na 2ª metade do século XX, avançaram do **azul** para o **laranja**, e, numa proporção menor, daí para o **verde**.

Beck e Cowan mostram a visão que se segue quanto às participações relativas nos vMEMEs, o que corrobora a ideia da predominância e evolução **azul-laranja-verde**:

vMeme	Sistema	Estimado % de Pessoas	% de Poder
Bege	Semi-idade da pedra	0,1	0,0
Púrpura	Tribal	10,0	1,0
Vermelho	Explorador	20,0	5,0
Azul	Autoritário	40,0	30,0
Laranja	Empreendedor	30,0	50,0
Verde	Comunitário	10,0	15,0
Amarelo	Sistêmico	1,0	5,0
Turquesa	Sagrado	0,1	1,0

QUADRO SÍNTESE EXTRAÍDO DE *DINÂMICA DA ESPIRAL*

---

1   "O Bem Comum", Revista Você S/A, jun. 2017.

Nas percentagens que os autores estimam relativas às posições de poder, a concentração é predominantemente **laranja**, em seguida **azul** e depois **verde**. Muito do treinamento das competências de liderança desenvolvidas nas últimas décadas é, de fato, da ordem do vMEME **laranja**. O que temos, então, com essas lideranças e culturas do século XXI? Visões de mundo parciais, de primeira camada, em que cada qual vê o nível inferior como "atrasado" e o superior como "errado", em um contexto de pressões de toda ordem. É necessário, é imprescindível caminhar agora para a segunda camada. As lideranças que surgem na segunda camada são integradoras. O **amarelo** tem uma orientação prática, voltada para a ação, atento a toda espiral e sua saúde. Atua no interesse pessoal, no entanto, enquanto o **turquesa** incorpora uma perspectiva coletiva, comunitária. Busca modelar e manter relações ordenadas para o bem-estar da espiral. Atuam com visão do todo, de forma holística, preocupam-se com toda a vida da empresa (ou de uma comunidade, ou de uma nação ou do planeta). Esses líderes, que agora surgem diante das condições de vida do século XXI, são o que Beck e Cowan denominam de "feiticeiros da espiral":

- pensam em termos de sistemas abertos;
- vivem e trabalham nos fluxos e ritmos naturais;
- têm por objetivo manter a espiral saudável;
- interagem com diferentes visões e mundos conceituais, respeitam a integridade e a importância de cada vMEME;
- dispõem de um amplo leque de recursos, estratégias e capacidades. Usam muitos chapéus. Ajustam estilos, sendo sensíveis ou cruéis conforme necessário;
- são pensadores sistêmicos e solucionadores de problemas de forma integrativa, rejeitando análises simplórias de causa-efeito e soluções artificiais;
- possuem uma combinação única de crenças e valores pessoais, misturando convenientemente as habilidades e capacidades dos lados esquerdo e direito do cérebro. Sonham como poetas e planejam como programadores de computador.

Penso que lideranças com este perfil, neste século, são a expressão de uma verdadeira vantagem competitiva. Enquanto líderes, por exemplo, dos níveis **azul-laranja-verde** de um concorrente não conseguem chegar a uma diretriz comum, é um líder que transita pelo vMEMES potencializando o que é positivo, e não tomando partido em um esforço conflitivo e desgastante, minorando o efeito de disputas internas, sugadoras de energia e improdutivas.

Conclusão: em direção à empresa amarelo-turquesa

A mensagem dos líderes da segunda camada produzirá marcas na cultura que tenderão a levar as empresas amarelo-turquesas a assumir as seguintes características:

- uma ampla presença dos vMEMES, por exemplo, vermelho, azul e laranja, mas dispostos para atender a desafios específicos;
- as funções são holográficas[2]. Vendas, contabilidade e qualidade existem por todo lado, nas mentes das pessoas, em vez de estarem concentradas em um único ponto;
- abertura, informação flui com um mínimo de filtros, fronteiras funcionais ou esconderijos. O conhecimento é eficácia, não poder;
- mundo exterior e interior constantemente perscrutado, detectando sutis mudanças, sinais de turbulência, mensagens para o futuro;
- mudança é um fato da vida, condições de vida são monitoradas. As pessoas são vistas (e apoiadas) em um processo de crescimento e produção;
- a organização se ajusta continuamente às necessidades de clientes e outros stakeholders. As distinções entre "interior" e "exterior" são tênues, alianças estratégicas podem ser feitas conforme requerido;
- códigos éticos são levados a sério de forma ampla, não se assemelhando à definição estreita de "moralidade" **azul**, ou a "fazer o que é prudente" **laranja** ou o "relativismo" **verde**;
- veem-se como grupo de pessoas competentes, que podem se mover em vários empreendimentos, aceitando facilmente ciclos de sucesso e fracasso;
- a cultura é de celebração. Uma ampla gama de escolhas e crenças é expressa e exercitada. Juntamente com a responsabilidade de ser um bom trabalhador, um bom cidadão e até mesmo um bom terráqueo.

---

2   O termo deriva de holografia, de origem grega, *holos* (todo, inteiro) e *graphos* (sinal, escrita). Em fotografia, é o registro tridimensional de um objeto iluminado.

Mas não podemos nos iludir. A evolução é o que marca desde sempre a dinâmica da espiral, mas o amarelo-turquesa ainda é muito recente. Veja o quadro dessa evolução com a progressiva "subordinação de sistemas de comportamento mais antigos por sistemas de comportamento de ordem mais elevada", segundo Beck e Cowan:

100.000 anos atrás	*Homo Sapiens* **survivalus** Ser seres humanos, não apenas animais	Bege
50.000 anos atrás	*Homo Sapiens* **mysticus** Formar tribos, magia, arte, espíritos	Púrpura
10.000 anos atrás	*Homo Sapiens* **exploiticus** Senhores da guerra, conquista, descoberta	Vermelho
5.000 anos atrás	*Homo Sapiens* **absoluticus** Literatura, monoteísmo, propósito	Azul
1.000 anos atrás	*Homo Sapiens* **materialensis** Mobilidade, individualismo, economia	Laranja
150 anos atrás	*Homo Sapiens* **humanisticus** Direitos humanos, liberdade, coletivismo	Verde
50 anos atrás	*Homo Sapiens* **integratus** Complexidade, caos, interligações	Amarelo
30 anos atrás	*Homo Sapiens* **holisticus** Globalismo, ecoconsciência, padrões	Turquesa

(QUADRO SÍNTESE EXTRAÍDO DE *DINÂMICA DA ESPIRAL*)

Na evolução dos níveis de primeira camada em que vivemos, estamos falando, quem sabe, de 100.000 anos e no amarelo e turquesa há algo como cinco décadas. É realmente muito recente.

É ser otimista demais: empresas conduzidas por líderes de visão ampla, integradores? Empresas com compromisso claro com um mundo melhor? Creio que não. De um lado, os problemas até então criados (de recursos, ambientais, de instabilidade, etc.) não podem ser resolvidos pelo mesmo sistema de pensamento e comportamento que os criou. Alguns desses problemas estão no limite e as pressões da sociedade aumentam e aumentarão de intensidade. Por outro lado, já existem bons exemplos. Os sinais estão aí. Muitas empresas já têm se mostrado exemplos de sucesso com uma visão mais abrangente. E são empresas com bons índices de retorno. É o que mostra o conceito B Corp. Trata-se de uma metodologia de avaliação voltada para mensurar o grau de comprometimento da empresa com modelos de negócio sustentáveis. Há uma rede de aproximadamente 1.200 empresas em 37 países, já certificadas. E, importante, estão longe de serem empresas de desempenho econômico e financeiro ruim. Pelo contrário: o Dow Jones Sustainability Index mostra que o desempenho dessas empresas nos últimos anos foi, na média, 36% melhor do que as demais empresas listadas na bolsa de Nova York. O exemplo dessas empresas é, em boa medida, lastreado em princípios sólidos.

É o que tem se mostrado decisivo para o sucesso continuado, já há muito tempo. Se há um fator a distinguir as empresas visionárias das demais, este é um conjunto de princípios sólidos, mantidos, praticados e observados por toda uma longa história. Tais princípios vêm amadurecendo desde a origem, das crenças e convicções dos líderes que forjaram a empresa e que foram, posteriormente, consolidados, ajustados e aperfeiçoados pelas gerações que se sucederam no comando dos negócios. Se há uma constante no sucesso dessas empresas visionárias é que, embora já tenham por elas passado várias gerações de líderes, basicamente os princípios fundamentais foram sistematicamente observados.

O leitor que nos seguiu até aqui, espero, concorda que (1) é muito positivo para o país e para a sociedade que mais e mais ideias sejam transformadas, por mais e mais empreendedores, em empreendimentos de impacto e (2) que esses empreendimentos superem suas crises, fortalecendo-se e tornando-se empresas de sucesso continuado. Nessa 3ª Etapa da viagem, que os desafios postos no século XXI sejam superados e o sucesso continuado seja mantido por essas empresas, lideradas pelos "feiticeiros da espiral" de que falam Beck e Cowan.

Esses "feiticeiros da espiral" serão os líderes principais necessários nas empresas de ponta e de sucesso continuado no século XXI? A julgar pela dinâmica da espiral – **novos tempos/condições de vida/novos pensamentos** – a resposta é positiva. Vejo, como procurei argumentar, fortes mudanças das condições de vida no século XXI e vejo uma inadequação para com elas lidar se a liderança estiver com qualquer vMEME específico de primeira camada. De alguma forma, os empresários e líderes do século XXI terão que transcender esses níveis da primeira camada. E a evolução detectada por Beck-Cowan – surgimento de vMEMES integradores – faz muito sentido.

Esses líderes não hesitam em atuar a favor de soluções para uma vida integral, com sustentabilidade, em uma visão ampla de sucesso empresarial. Será, no entanto, que essas empresas amarelo-turquesas serão suficientes para enfrentar, mitigar os enorme desafios da sustentabilidade? Provavelmente não. Ainda há muitos incentivos à chamada "economia marrom" que propiciou e ainda propicia desenvolvimento econômico, mas criando ponderáveis riscos ambientais. Ainda haverão muitas empresas com pouca disposição e determinação para considerar a sustentabilidade e novos tipos de líderes.

Mas ainda assim a contribuição desses feiticeiros da espiral será extraordinária. Até mesmo pelo que haverão de inspirar, com suas soluções visionárias, no processo de evolução da consciência humana. Como dizem Beck e Cowan:

> "Os Feiticeiros da Espiral vagueiam instintivamente em vastas paisagens mentais, vendo padrões e relações em que outros não reparam porque os filtros da primeira camada não lhes permitem... movem-se ao longo... da espiral... despertando, desbloqueando, capacitando ou reparando cada um dos vMEME numa organização. Este Feiticeiro aprecia o caos e pensa mais como um designer criativo do que como um reengenheiro... monitorar o todo da Espiral é particularmente vital durante períodos de turbulência e mudança de larga escala, como agora".

Eis então a síntese do que aqui defendo: as empresas de sucesso continuado no século XXI serão aquelas que compreenderem, se sintonizarem e se comprometerem, para valer, na sua atuação diária, com estes novos tempos. Tempos que estão a exigir novas formas de pensamento. As duas dimensões destacadas são críticas e decisivas nesses novos tempos: (1) um profundo mergulho, questionamento e repensamento dos princípios fundamentais, a **filosofia empresarial** e (2) que apoia e é apoiada, posta em prática por líderes que trabalham a partir da perspectiva de um novo estágio de consciência, os feiticeiros da espiral de Beck e Cowan.

BIBLIOGRAFIA

ALMEIDA, E. *Fundamentos da empresa relevante*. Belo Horizonte: Elsevier, 2006.

ARANTES, N. *Empresas válidas*: como elas alcançam resultados superiores ao servirem a sociedade. São Paulo: Évora, 2012.

BECK, D.; COWAN, C. *Dinâmica da espiral*: dominar valores, liderança e mudança. Lisboa: Instituto Piaget, 1996.

BIO, S. R. *Desenvolvimento de sistemas contábeis-gerenciais*: um enfoque comportamental e de mudança organizacional. 1987. Tese (Doutorado em Ciências Contábeis) – Faculdade de Economia, Administração e Contabilidade da Universidade de São Paulo.

_____. *Sistemas de informação*: um enfoque gerencial. 2. ed. São Paulo: Atlas, 2008 (com colaboração do prof. Edgard B. Cornachione Jr., da Faculdade de Economia, Administração e Contabilidade da USP – Universidade de São Paulo).

BOSSIDY, L.; CHARAN, R. *Execução*: a disciplina para atingir resultados. São Paulo: Elsevier, 2010.

BROKAW, T. *The Greatest Generation*. New York: Random House, 1998.

CABRERA, L. C. Q.; ROSA, L. E. P. *Se eu fosse você, o que eu faria como gestor de pessoas*. São Paulo: Elsevier, 2009.

CAMERON, K. S.; QUINN, R. E. *Diagnosing and Changing Organizational Culture*: Based on the Competing Values Framework. 3rd ed. San Francisco, CA: Jossey Bass, 2011.

CARUSO JR., V. *Ciência da excelência*. RS: Bodigaya, 2015.

CASTRO, M. *Empreendedorismo criativo*. São Paulo: Portfolio Penguin, 2014.

CHARAN, R. *Ruptura global*. São Paulo: HSM Editora, 2013.

COLLINS, J. C.; PORRAS, J. I. *Feitas para durar*: práticas bem-sucedidas de empresas visionárias. Rio de Janeiro: Rocco, 1995.

CORTELLA, M. S.; BARROS FILHO, C. de. *Ética e vergonha na cara!* São Paulo: Papirus 7 Mares, 2014.

DRUCKER, P. *Os novos desafios dos executivos*. São Paulo: Elsevier/Campus, 2012.

FERREIRA FILHO, G. Inovação: façanha técnica, sucesso comercial, interesse nacional. *Revista Marketing Industrial*, São Paulo, n. 65, 2014.

FISCHMANN, A. A. et al. *Planejamento estratégico na prática*. São Paulo: Atlas, 1991.

FORD, H.; CROWTHER, S. *My Life and Work*. New York: Garden City Publishing Co., 1922.

GOLEMAN, D. *Inteligência emocional*: a teoria revolucionária que redefine o que é ser inteligente. Rio de Janeiro: Objetiva, 2012.

GUERREIRO, R.; BIO, S. R.; MERSCHMAN, E. V. V. Cost-to-serve measurement and customer profitability analysis. *International Journal of Logistics Management*. Ponte Vedra Beach, v. 19, n. 3, 2008.

HAMEL, G. *O futuro da administração*. São Paulo: Elsevier, 2008.

HAQUE, U. *Novo manifesto capitalista*. São Paulo: Zahar, 2013.

HOUTEN, F. V. Toward a circular economy. *McKinsey Quarterly*, feb. 2014.

LANCASTER, L. C.; STILLMAN, D. *O Y da Questão*. São Paulo: Saraiva, 2011.

LIKER, J.; OGDEN, T. *A crise da Toyota*. Porto Alegre: Bookman, 2012.

MANDELLI, P. *Muito além da hierarquia*. São Paulo: Gente, 2011.

_____. *Liderando para Alta Performance-Conceitos e Ferramentas*. Rio de Janeiro, Vozes, 2017

MARTINS, E.; ROCHA, W. *Métodos de custeio comparados:* custos e margens analisados sob diferentes perspectivas. São Paulo: Atlas, 2012.

MCGREGOR, D. *O lado humano da empresa*. São Paulo: Martins Fontes, 1999.

MEIRA, S. *Novos negócios inovadores de crescimento empreendedor no Brasil*. Rio de Janeiro: Casa da Palavra, 2013.

MOREIRA, J. C. T. *Marketing industrial*. São Paulo: Atlas, 1995.

_____. *Usina de valor*. São Paulo: Gente, 2009.

NGUYEN, H.; STUCHTEY, M.; ZILS, M. Remaking the industrial economy. *McKinsey Quarterly,* feb. 2014.

OUCHI, W. *Teoria Z:* como as empresas enfrentam o desafio japonês. São Paulo: Fundo Educativo Brasileiro, 1982.

PIRES, S. R. I. *Gestão da cadeia de suprimentos*. São Paulo: Atlas, 2004.

REIMAN, J. *Propósito*: por que ele engaja colaboradores, constrói marcas fortes e empresas poderosas. São Paulo: HSM Editora, 2013.

RAYNSFORD, A. *O pensamento integral de Ken Wilber*. São Paulo: Instituto Palas Athena, 2015. (Notas de aula e material do curso)

SANTANA, J. L.; SANTANA, V. R. *As perspectivas do front*: gestão de negócios e organizações em busca do sucesso e da excelência. Rio de Janeiro: Qualitymark, 2012.

SCHEIBE, K. E. *Beliefs and Values*. New York: Holt, Rinehart and Winston, 1970.

SENGE, P. *A quinta disciplina*: arte e prática da organização que aprende. 29. ed. Rio de Janeiro: BestSeller, 2013.

SENNETT, R. *A corrosão do caráter*. Rio de Janeiro: Record, 2010.

SCHUMPETER, J. A. *The Theory of Economic Development*. Cambridge, Mass.: Harvard Press University, 1949.

SNOW, R. *Henry Ford, o homem que inventou o consumo*. São Paulo: Saraiva, 2014.

SUKHDEV, P. *Corporação 2020*: como transformar as empresas para o mundo de amanhã. São Paulo: Planeta Sustentável, 2013.

TURAK, A. *Business Secrets of the Trappist Monks:* One CEO's Quest for Meaning and Authenticity. New York: Columbia University Press, 2013.

WALLERSTEIN, I. *O fim do mundo como o concebemos*. Rio de Janeiro: Revan, 2012.

WILBER, K. *A visão integral*. São Paulo: Cultrix, 2012.

_____. *Boomerite*: um romance que tornará você livre. São Paulo: Madras, 2005.

_____. *Espiritualidade integral*. São Paulo: Aleph, 2006.

_____. *A prática da vida integral*. São Paulo: Cultrix, 2011.

ÍNDICE

A – B

Alinhamento de objetivo 35, 115
Autenticidade 123, 168
Autopreconceito 24
Avaliar os resultados 65, 68
Baby boomers 97, 180
Balanced Scorecard 128
Base empresarial 41, 43, 77
Brexit 90
Busca do sucesso 24
Businessman 19

C

Cadeia
    de suprimento 27, 67, 91, 154
    de valor 153
    linear 187
Capacidade de foco 35
Caráter sólido 53
Ciclo de valor 153, 187
Clã 58
Cliente 26, 78, 129
Clientes-produtos 25, 29
Competência na execução da tarefa 53
Comportamento
    adequado e produtivo 53
    organizacional 61
Concepção
    de ações positivas 146
    de inovações 75
    de processos lean 75
    de produtos 46
    do negócio 3, 31
    dos processos 75
Condições de vida 175, 192
Conduta ética XVI, 59, 161

Conflito ético e moral 97, 164
Contexto
    cultural 62, 74
    político 62, 74
Continuum 41
Corrigir desvios 68, 71
Crescimento econômico 42, 86, 92, 151
Crise
    de crescimento 41, 45, 50, 64
    econômica XX, 95
    empresarial 11, 50, 109
    societária 50
Cultura
    de disciplina 35
    de excelência 35
    disfuncional 58
    organizacional 56, 61, 111, 136
    vigente 56

D

DCM - Demand Chain Management 156
Desafios de determinado tempo 175
Desempenho do negócio 136
Desenvolvimento de equipes 41
Detalhamento das providências 4
Diferenças culturais 59
Dimensão política 60
Disfuncionalidade 59
Divórcios societários 51

E

Early Supplier Involvement 158
Economia
    circular 143
    "verde" 170
Efeitos colaterais negativos 151

Eliminação de empregos 92
Empreendedor 9, 41, 80
Empreendimento de impacto 19, 31, 42, 77
Empresa amarelo-turquesa 87, 190
Empresário 11, 47, 80
Empresas de sucesso continuado 193
Equipe
    azul 184
    dirigente 46
    harmônica 35
    laranja 184
    vermelha 184
Era
    digital/era da informação 93
    do conhecimento 93
    industrial 93
Esforço
    constante 35
    organizacional 127
Especialista XVII, 7, 51, 81
Estado de espírito organizacional 138
Estratégia competitiva 33, 66, 104
Estrutura
    de financiamento 65
    financeira 41
    organizacional 71, 73, 104, 141
Evolução
    da consciência 172, 181
    nos instrumentos de gestão 67
Excelência XVII, 34, 75, 151
Executores 14
Existencialismo corporativo 107
Externalidades
    corporativas 150
    positivas 146
Extrema volatilidade 115

F – G – H

Feedback 99
Filosofia empresarial 112, 169, 187, 194
Financiamento necessário 3, 16
Flexibilidade 57, 60, 81, 104
Fluxo de renda 31
Foco
    do cliente 33, 130, 143
    e controle 57
    em resultados 58, 127, 165, 179
    interno nos processos 150
    interorganizacional 156
    intraorganizacional 156
    na excelência 10
    na inovação 4
    nas oportunidades 58
    no cliente 130
    no lucro 85, 126
    no negócio 47, 51, 77, 104
    nos processos 75
Formação
    de padrões culturais 184
    de um time 3C 54
Fórmula 2G 41, 50, 74, 105
Fundamento filosófico da gestão 115
Gente e gestão 43, 50, 51, 77, 79
Geração
    X 97
    Y 97, 98, 137
Gestão
    corporativa 8
    da cadeia de suprimento 27, 67, 155
    da demanda 67, 156
    da qualidade total 117
    de crise 110
    de fluxo de caixa 46
    de inventário 157
    de pessoas 22, 46, 81, 136
    de relações 159
    estratégica 157
    financeira 42, 81
Globalização 86, 90
Hierarquia/controle 58

I – J

Ideologia
    básica 169
    central 108
Informações
    comparativas 71
    confiáveis 71
    em tempo hábil 71
    em um nível de detalhe adequado 71
    por exceção 71

Inovação
  digital 93
  disruptiva 31
Inovações incrementais 33
Integração 63, 72
Investidores anjo 11, 16
Joint venture 19, 34

L

Lean
  manufacturing 151, 156
  thinking 75
Liderança XIV, 20, 55, 85
Liderança
  azul 185
  laranja 185
  verde 185
Líderes amarelo-turquesas 185
Lobbies 85, 148
Logística reversa 152
Lucro 29, 78, 113, 188

M – N – O

Manutenção do drive inovador 41
MEMEs 174, 188
Mente de aprendiz 35
Mercado/competição 58
Metas 35, 68, 108, 148
Modelo
  "AFFA" 104
  de gestão XX, 51, 68, 106, 140
  de operação 29, 126, 139
  Toyota 111
Modelos
  de manufatura 156
  de negócio XVIII, 87, 102, 139
  de produção 34, 104
Modularização da manufatura 157
Mudança organizacional XIX
Mudanças
  de extrema volatilidade 115
  dramáticas 115
Mundo interno e externo 57

Negócios
  convencionais 33
  dos clientes 22
  em desenvolvimento 51
Níveis de consciência XIV, 175, 180
Novos tempos 182, 192
Objetivos específicos 69, 70
Obsessão unidirecionada e curto-prazista 65, 103

P

Planejamento
  das operações 67
  de operações 70
  estratégico 66, 120
  orçamentário 67
Planos e metas claros 30
Ponto de partida 3
Pontos
  exatos de "corte" 41
  fracos 33, 66
Postura unidirecionada 85
Potencial de sistemas 104
Preferências culturais 59
Premissas 68
Princípios
  coerentes e integrados 111
  de atuação 21, 85
  de qualidade 75
  e práticas da gestão 75
  e valores 95, 137, 159
  existenciais 187
  fundamentais 87, 117, 141
  humanistas 185
  pragmáticos 113
  subjacentes 99
Private equity 11, 16
Problemática econômico financeira 45
Processo
  político 61
  sociotécnico 55
Processos
  de decisão 71, 96
  de gestão 114, 142, 148

de planejamento 104
de produção 116, 142
e sistemas 71
gerenciais 63
internos 33, 57
operacionais 14, 21, 42
robustos 104
Produto/serviço 27, 31, 130, 150
Programas de ação 50, 67, 69
Propósito claro 121

Q – R

QE - Quociente Emocional 53
QI - Quociente de Inteligência 53
Questão ambiental 100, 116
Redes sociais 92, 99, 104
RED - Resultados Empresariais Desejados 65, 69
Regras de conduta e costumes 161
Responsabilidades
claras 60, 72
cronogramadas 60
do cliente 26
empresariais 120, 123
socioambientais XXII, 126, 165
Resultado empresarial 68, 78, 150
Resultados socioambientais 145

S

Saúde financeira 78
Se "mediocrizar" 48
Serviços-preços 25, 29
Shareholder 61, 126
Síndrome
da adrenalina empreendedora onipotente 48, 81, 109
do sucesso 47, 48
Single sourcing 158
Socioeficiência 154, 171
Soluções 2G 79
Stakeholders 61, 123, 128
Startups XVIII, 36

Sucesso
continuado XIV, 11, 41, 78
duradouro 51, 79
empreendedor 77
empresarial 81, 127
verdadeiro 78

T – V

Thought starters 119
Tipificação de culturas 56
Tradicionalistas 97
Triângulo do negócio 25, 31, 138
Turnover 99
Vantagem competitiva 189
Venture capitalists 11
Vida empresarial 113
Visão
abrangente 79
clara 64
crítica 94
do empreendedor 48
do mercado 46
geral 55
inspiradora 35, 81
linear 151
parcial XVII
restrita XIV, 61
Vivenciar e conviver 17
vMEME
amarelo 182
azul 178
bege 176
laranja 178
púrpura 177
turquesa 183
vermelho 177
vMEMEs 174

Números

2G 50, 51, 79
3C 53, 62, 74
4Es 5, 19, 22, 79